「空いた実家」は、そのまま貸しなさい

年間100万円の家賃が入ってくる最強の「実家再生」投資

不動産投資家・空き家再生コンサルタント 吉原泰典

ダイヤモンド社

はじめに

空いた実家は、きれいに片付けて、そのまま貸しなさい

この本を手に取っていただいてありがとうございます。

この本をいま手に取っていただいているということは、例えば、「田舎で一人暮らしをしていた母親が亡くなってしまった」「父が介護施設に移って実家にはもう誰もいない」「両親ともまだ田舎で元気だけど子どもは誰も戻る予定がない。10年後のことを考えると心配」など、実家について悩んでいたり不安があったりするのではないでしょうか。

そんなあなたにぜひお伝えしたいことがあります。

「空いた実家は、そのまま貸せばいい」のです。

「そんな馬鹿な。あんな〝くたびれた〟家を借りる人がいるはずがない」と思う人は多いかと思います。

しかし、それは都会で長く暮らしてきた自分がもし住むとしたら、という無意識の思い込

みからです。

住まいに対する価値観は人それぞれであり、〝くたびれた〟家であっても特に一戸建てを借りたいという人は想像以上にたくさんいます。

「でも、リフォームにかなりお金をかけないといけないんでしょ」とおっしゃる人もいるでしょう。

いいえ。**最近まで誰かが住んでいたのであれば、基本的にリフォームは不要です。**残された家財や遺品をきれいに片付け、ハウスクリーニングすれば十分、貸すことができます。これまでいくつもそういうケースを見てきました。

「そもそもそれは大都市近郊の話であって、地方では無理だろう」という声も聞こえてきそうです。

これも違います。**大都市近郊だけでなく、地方の駅から離れた立地でも貸すことはできます。**

ちなみに私は、岡山市内で戦後すぐに建てられた築70年超えの空いた実家を片付け、そのまま月8万円で貸しています。

空いた実家をそのまま貸すには、もちろんいろいろなポイントがあります。ただし、重要

誰も住まなくなった実家、貸すのはどうですか？

なのは3つだけです。

第一に、実家に残された家財や遺品とは時間をとってきちんとお別れをします。実家は自分が生まれ育った場所であり、心の区切りをつけることはとても重要です。

第二に、家財や遺品を整理するにあたっては、しっかりした遺品整理業者に頼みます。そして、専門業者によるハウスクリーニングを行います。

第三に、実家がきれいになったら、複数の仲介会社に連絡して、いくらで貸せるか査定してもらいます。地元の賃貸市場については地元のプロが一番よく知っています。「貸すのは無理」と言われることはほとんどないはずです。

この事実を一人でも多くの方に伝えたいと思い、この本を執筆することにしました。

自己紹介が遅れましたが、私は吉原泰典といいます。大学卒業後、30年近く大手企業に勤めていました。10年ほど前に早期退職し、現在は不動産投資と大家業を本業にしています。

10年ほど前というとちょうどアベノミクスが始まった頃で、サラリーマンの間で不動産投資がブームになり始めていました。バブル入社世代である私にとって失われた20年の低成長が続く中、大企業とはいえぬくぬくと定年までやり過ごせる可能性は低いだろうという危機感から不動産投資に活路を求めました。その結果、いまでは資産総額数十億円にまでなっています。

一方でここ数年、自分や妻の実家をどうするかといったことがずっと気になっていて、周りの知り合いからも「誰も住まなくなった実家をどうするのか問題」について話を聞いたり、相談されたりする機会が増えています。

ネット時代になり家を借りたり、買ったり、建てたりすることについては詳しい情報が簡単に手に入りますが、誰も住まなくなった実家の扱いとなるとあまり経験者がいませんし、不動産の専門家であっても手がけたことはほとんどないのが実情です。

最近は誰も住まなくなった実家を〝邪魔者〟や〝お荷物〟扱いし、「建物を取り壊してさっさと手放したほうがいい」といった主張が不動産業界やマスコミに溢れています。多くの人が「そういうものなのか」と〝洗脳〟されつつあるようにも見えます。

しかし、実家は自分にとって思い出深い場所ですし、実家にもう一度、活躍の機会を用意してあげようと考えるのはごく自然なことではないでしょうか。

いずれは売却するにしてもいますぐである必要はありませんし、売却までの間ほとんどリスクなしで副収入を得ることができたらどうでしょう。さらに、地域の人たちに手頃な賃料でゆったり暮らせる生活の場を提供し、ささやかながら地域経済の活性化につなげることも可能です。

私自身、これからは本業である不動産投資と大家業だけでなく、**誰も住まなくなった実家を再生して活躍させる正しい知識と誰にでもできる空き家活用ノウハウを発信する活動**に本腰を入れて取り組んでいきたいと思っています。

この本は私自身の体験やコンサルティングの実践を通して蓄積したノウハウとスキルをもとに、誰も住まなくなった（住まなくなりそうな）実家を慌てて売ったり、建物を取り壊したりするのではなく、**きれいに片付けてそのまま貸し出すための考え方と方法論**をまとめたものです（9ページ参照）。

先ほども少し触れましたが、私の実家は岡山市にあり、父が亡くなってから一人暮らしをしていた母親も4年前に亡くなりました。「どうしたものか」と思いつつ、コロナ禍の間は見に行くこともできませんでした。

ようやく昨年、重い腰を上げて実家の整理に着手し、いろいろなテクニックを駆使して3カ月後には貸し出すことができ、いまは毎月8万円の家賃が入ってきています。

ほかにも、私の周りでは誰も住まなくなった実家を貸してうまくいっているケースがどんどん増えています。皆さん驚かれますが、別に立地が良いとか建物が新しいとかは関係ありません。その理由についてはしっかりと説明していきます。皆さんが持っていらっしゃる実家でもきっと少し工夫すればできるはずです。

この本では、次のような方の疑問や関心にお答えします。

①誰も住まなくなった地方の実家をなんとかしたい

②親が施設に入っていて実家が空き家になっている

③両親はまだ健在ではあるものの、将来実家をどうするか気になっている

④都会で暮らしながら田舎の実家から副収入を得られたらうれしい

⑤可能なら実家の再生をきっかけにした不動産投資にも興味がある

⑥自分が亡くなった後、家のことで子どもに負担をかけたくない

この本を読むことによって、誰も住まない地方の実家で悩んでいる多くの方たちが、自分の人生の中で大切な存在であるはずの実家と向き合い、もう一度実家が地域社会で役に立つ機会を用意し、自分たちも経済的なメリットを得られるという道を歩んでもらえたら、こんなにうれしいことはありません。

不動産投資家・空き家再生コンサルタント

吉原　泰典

空いた実家をそのまま貸すための6つのステップ

まずは…

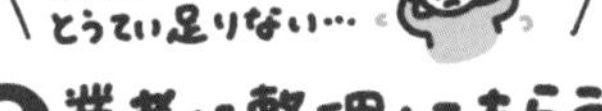

自分でやると土日ではとうてい足りない…

① 家財や遺品を「残す」と「捨てる」に分ける

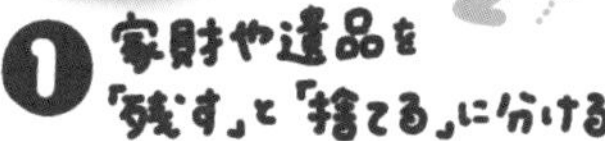

一つひとつ手に取って…

② 業者に整理してもらう

口コミを見て、信頼できるところへ

③ 業者にハウスクリーニングしてもらう

リフォームはしなくてOK！

④ 「いくらで貸せるか」仲介会社に聞いてみる

地元の賃貸専門のところ

5〜10社くらいがポイント

⑤ 賃料を決めたら入居者募集を開始

広告は仲介会社におまかせ

⑥ 入居者が見つかり、毎月賃料が入ってくる！

目次

第2章

知られざる空き家の実態とリスク……39

第3章

「貸すか売るか自分で使うか」、判断の分かれ目はどこ？……69

第4章

なぜ「そのまま貸す」ことが、お勧めなのか？……91

第5章

最初の一歩は費用をかけずに片付けることから……111

第6章

入居者の募集から契約までこうすれば大丈夫

第1章

なぜ実家で悩んだり不安を感じたりするのか？

1 遠くて行きにくいのが最大の理由

●実家を離れて数十年……

最近、「空き家」についての関心が高まっていて、新聞、雑誌、テレビなどのマスコミも盛んに取り上げています。

その多くはどちらかというとネガティブなトーンで、「このままだと大変だ」「なんとかしないといけない」「早く手を打ったほうがいい」と煽っています。

でも、誰も住まなくなった実家があり、あるいはこれからそうなりそうで悩んでいたり不安を感じたりしている皆さんにとっては、「そんなこと言われても、どこから手をつけていいかわからない」というのが本音ではないでしょうか。

そもそもなぜ誰も住まない実家で悩んでいたり不安を感じたりするのか。そこにはいくつかの理由があります。

まず、物理的に遠いということが挙げられます。多くの人は実家を離れてすでに数十年。生活拠点はいまや都会にあり、そもそも帰ろうと思っても時間や帰省費用がかかります。国土交通省の調査でも、空き家のうち約3割は車・電車等で1時間超かかるところにあります。

両親が健在なうちはそれでもお正月やお盆など年に一、二回は子ども（親にすれば孫）を連れて帰っていたかもしれませんが、子どもも高校生、大学生くらいになるともはや親と一緒に来るかどうか怪しいものです。

結果的に自分も帰省する機会が減り、また40代にもなると仕事の上で重要なプロジェクトを任されたり、昇進できるかどうかのタイミングに当たったりします。家庭においては子どもの部活動や習い事、さらには受験などが重なり、実家のことを気にしている暇はありません。とりわけ高い飛行機代や新幹線代を使い、せっかくの休みの日をつぶして行く

図表1　空き家の所在地と所有者の居住地の関係

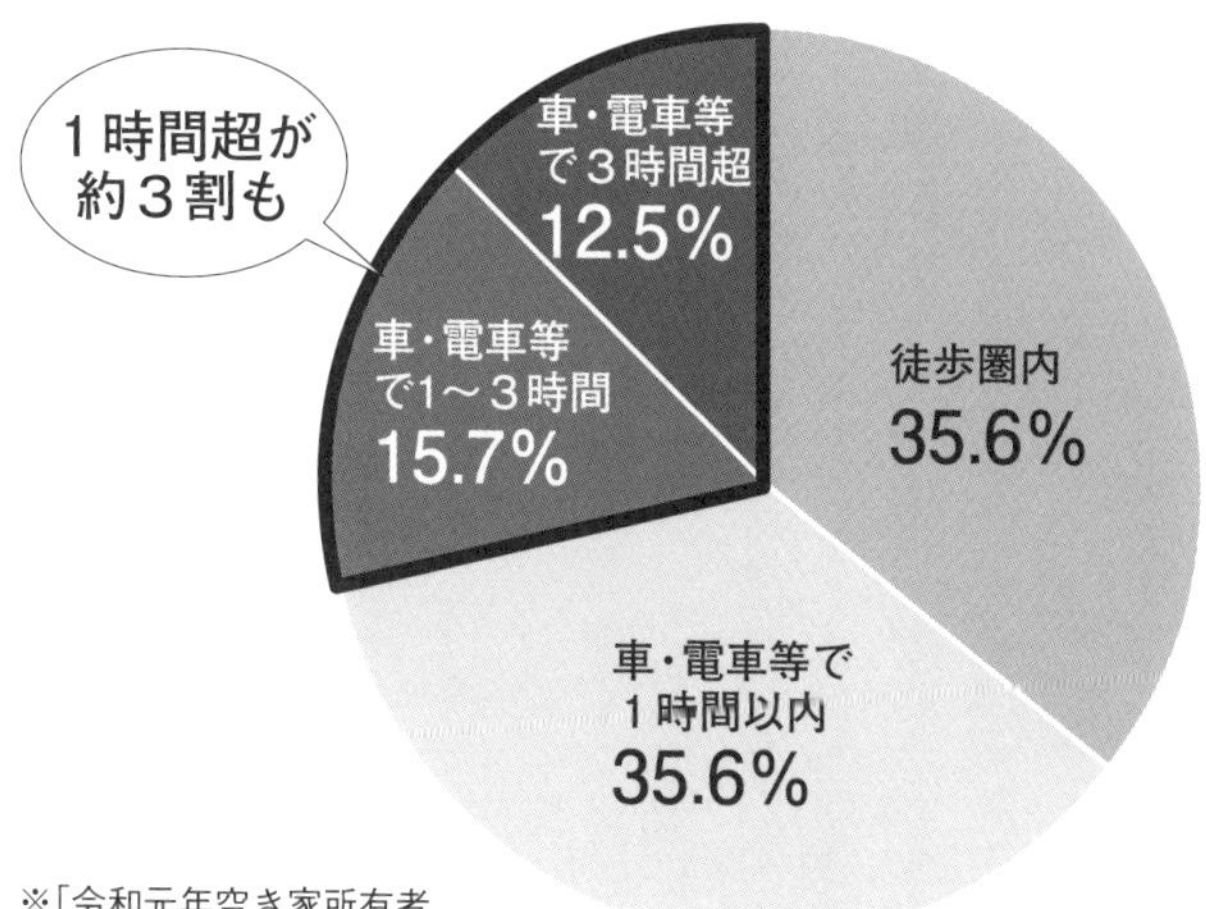

※「令和元年空き家所有者実態調査」（国土交通省）より

となると、それだけでモチベーションが下がるのではないでしょうか。
こうして次第に実家とは疎遠になり、それが悩みや不安につながっていくのです。

●維持管理に手間がかかる

また、現在の住居から比較的近くにあっても、特に**戸建て住宅は維持管理に手間がかかります。**例えば庭の手入れです。植物の成長は早く、気が付くと草木が伸び、葉が生い茂り、秋になれば落ち葉だらけです。

私の知り合いにも、空き家になった実家が北関東のほうにあり、都内の自宅から車でちょくちょく帰って庭の手入れなどをしている人がいました。広い庭には梅の木がたくさんあって、ご両親が亡くなってからも週末になるとその手入れをしたり、春から夏にかけては梅干しをつくったりしていました。しかし、そのうち一緒についてきてくれていた奥さんが体調を崩したこともあり、いまではほとんど行かなくなったといいます。

せっかくの休日、車で1時間程度であったとしても、家の片付けや庭の手入れをずっと続けるのはなかなか難しいと思います。

●モノがたくさんあることも大きな理由

さらに、あまり意識されていませんが、**誰も住まなくなった実家の中にはモノが溢れているということも大きな理由です。**

国土交通省の調査では、空き家にしておく理由として「物置として必要」（60・3％）というのがダントツになっています。

「物置として必要」ということの意味については、注意が必要だと思います。都市部では住居が狭いため、近くにトランクルームを借りて季節用品などを置いておくということがよくあります。

図表2　空き家にしておく理由

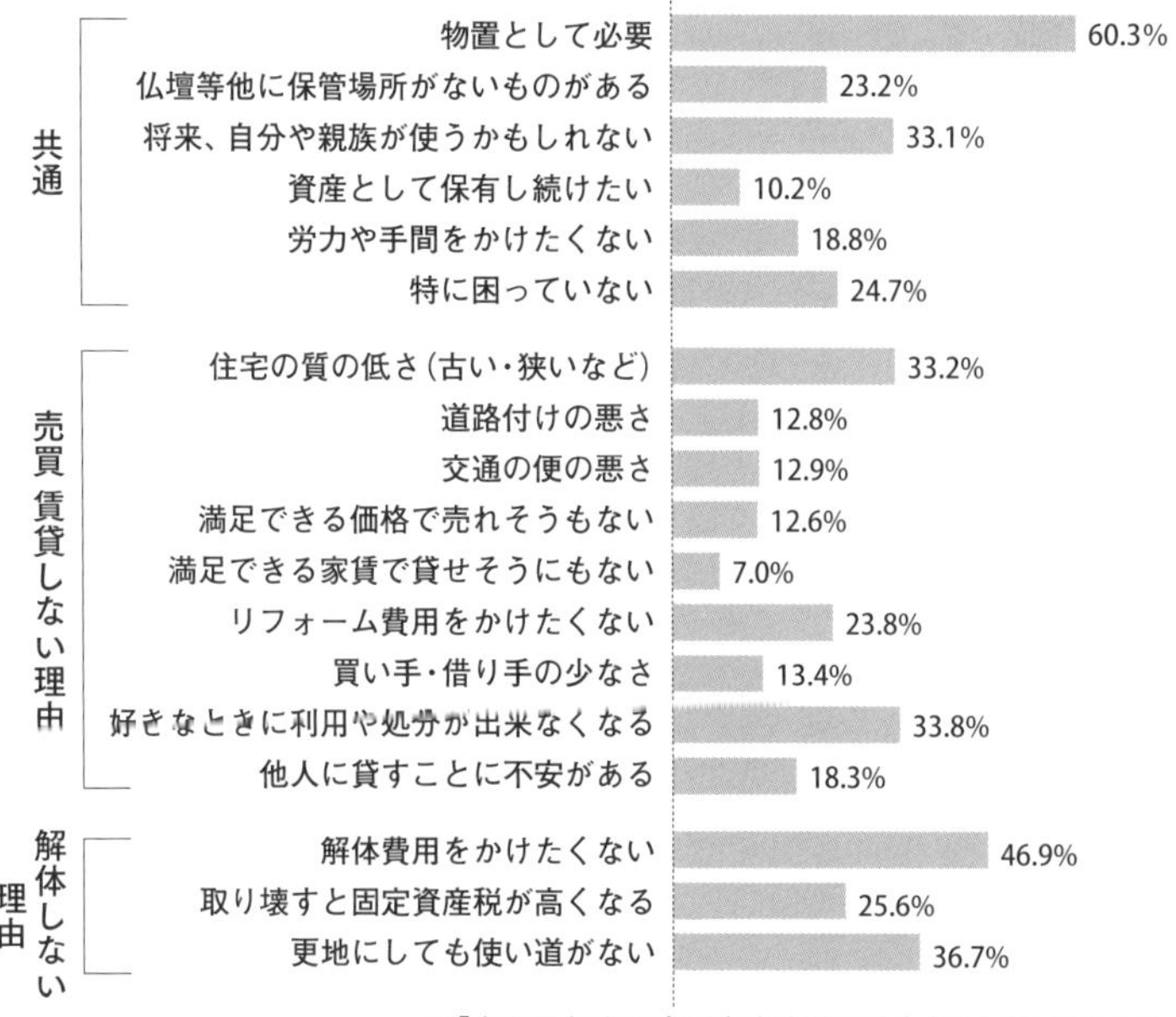

区分	理由	割合
共通	物置として必要	60.3%
	仏壇等他に保管場所がないものがある	23.2%
	将来、自分や親族が使うかもしれない	33.1%
	資産として保有し続けたい	10.2%
	労力や手間をかけたくない	18.8%
	特に困っていない	24.7%
売買賃貸しない理由	住宅の質の低さ（古い・狭いなど）	33.2%
	道路付けの悪さ	12.8%
	交通の便の悪さ	12.9%
	満足できる価格で売れそうもない	12.6%
	満足できる家賃で貸せそうにもない	7.0%
	リフォーム費用をかけたくない	23.8%
	買い手・借り手の少なさ	13.4%
	好きなときに利用や処分が出来なくなる	33.8%
	他人に貸すことに不安がある	18.3%
解体しない理由	解体費用をかけたくない	46.9%
	取り壊すと固定資産税が高くなる	25.6%
	更地にしても使い道がない	36.7%

※「令和元年空き家所有者実態調査」（国土交通省）より

しかし、空き家を物置として利用するというのは、現在の自宅から近い場合は別として、もともとあった親の遺品や家財などをそのまま置いているというケースがほとんどでしょう。つまり、遺品や家財などをなかなか片付けられないので放置しているのです。

私も経験がありますが、たまに誰も住まなくなった実家に帰って押し入れを開けたりすると、そこには様々なものが詰め込まれています。それらを引っ張り出して確認し、整理しようと思っても気持ちが萎えてきて手が止まってしまいます。ため息をついてそのまま押し入れの戸をそっと閉める、ということを繰り返してきました。

誰も住まなくなった実家にはモノが溢れていることも、実は悩みや不安の大きな理由なのです。

●相続時の共有がきっかけになることも

相続時になんとなく**兄弟姉妹の共有にしてしまうこと**も、実家についての悩みや不安の原因になります。

「共有」とは、同じモノを同時に複数の人が所有することで、その場合のモノを「共有物」、複数の所有者を「共有者」といいます。また、共有物について共有者がそれぞれ持つ権利を

「持分」または「持分権」といいます。

実家についてもこの共有関係になっているケースが少なくありません。両親が亡くなった際、相続人である子どもたちの間で金銭や株式、債券などであれば簡単に分割できます。しかし、実家についてはどうするのかすぐには話がまとまらず、つい相続人の共有にしてしまうのです。

ところが、共有物で大きな問題となるのは、それを**人に貸したりする場合は共有者の過半数の同意が必要**になります。さらに、**売却したり建物を取り壊したりするとなると全員の同意が必要**です。共有者のうち一人でも反対すると売却したり建物を取り壊したりすることはできないのです。

逆に、実家が共有になっていると「兄弟姉妹に任せておけばいいだろう」とか「近くに住んでいるあいつがなんとかしてくれるだろう」といった考えに陥り、そのため長年ほったらかしになったりします。

ほったらかしのままで済めばいいですが、そうもいきません。どこかの時点で問題が顕在化し、これまた悩みや不安につながるのです。

住まなくなった実家への悩み・不安の原因

実家再生の事例紹介 1

思い出深い実家は扇風機とエアコンで湿度管理中 まずは具体的な数字を把握するところから

最近、空き家になっている実家についてご相談にのっているのがAさんです。昨年、大手企業を定年退職され、現在は大学に通って学び直しをしつつ、再就職をお考えです。

ご家族はご主人と息子さんが2人。上の息子さんはすでに就職されており、現在は都内の賃貸マンションに大学進学を控えた下の息子さんと3人で暮らしていらっしゃいます。

Aさんは一人っ子の長女で、実家は東京郊外のベッドタウンにあります。

「48年前に父が建てた木造の一戸建てで、土地は50坪ほど。建物は1階、2階合わせて40坪ほどあります。当時にしては珍しく壁一面に天井まであるカップボードが作り付けられ、茶道師範の母用に以前は和室に炉が切ってあったり、小さな庭なのに背の高い松や伽羅（きゃら）が植えてある築山まであるなど、母のこだわりが詰まった家でした」（Aさん）

７年ほど前、１階のバリアフリー化と床暖房工事を進めていたときにお母さんが施設へ入所。その後、お父さんが一人で暮らしていらっしゃいました。しかし、そのお父さんが一昨年亡くなり、いまは誰も住んでいない状態になっています。

「父の遺品はほぼ整理の目途がついたのですが、住民票の上では母の住所はいまも実家のままで、母のものはそのまますべて置いてあります。

コレクションしていた洋食器、陶器の花・人形、好きなデザイナーの服や着物が、嫁入り道具のタンスなど４竿とクローゼットにきれいに保管してあります。ほかにも、母は私をピアニストにしたかったようで、子どもの頃に毎日３時間弾かされていたアップライトのピアノ、オーダーメイドのソファ、父が海外駐在していたときに私のためにそろえてくれた英語版のエンサイクロペディアを並べた書棚もあります。

いまは１階と２階に置いた扇風機を24時間つけっぱなしにし、エアコンもタイマー設定で動かしています。電気代はかかりますが、湿気がこもるのを防ぐためです」（Ａさん）

お父さんが亡くなった際、Ａさんとしては家族で引っ越すことも考えたそうです。しかし、最寄り駅から徒歩で10分以上かかり、仕事をしながら将来のため大学に再び通っているＡさんはまったくその気がなかったとのこと。売却も考えましたが、お母さんがご存命である中、お母さんの家財を処分しづらいということもあり、現状のままとなったのでした。

私がAさんとお知り合いになったのは、共通の知人からの紹介がきっかけでした。空き家になった実家の扱いについて意見を聞きたいということで、何度かお話をしました。その結果、誰も住まなくなった実家を「貸す」という選択肢があることに気づいたそうです。

「テレビなどでも空き家になった実家を貸すケースが紹介されていて、いまは貸す方向に傾いています。ただ、家の中の荷物がやはりネックで、全部どこかへ移せればいいのですが、倉庫代がいくらかかるのか、考えただけで大変そうでそこでまたストップしています」（Aさん）

私からのアドバイスは、まず**電話で地元の賃貸専門の仲介会社にいくらで貸せるか聞いてみること**です。大手で売買仲介もやっている不動産会社でもいいですが、そういうところは「貸したい」と言っているのに「売りませんか」と言ってきたりするので注意します。

もう一つは、**範囲を広げて貸し倉庫についても調べてみること**です。都心から離れる方向で探すと、月10万円も出せばかなり広いスペースが借りられるのではないかと思います。

私自身の経験からも、こうやって**具体的な数字を把握すると頭がすっきりしてきて、具体的な行動につながりやすくなります。**

なお、お話を聞いていくと、Aさんには不動産に関してもう一つ、悩みがあることがわかりました。いま住んでいる賃貸マンションは4LDKで、上のお子さんが就職していなくなったので3人で暮らすには広すぎるのです。もともとAさんご夫婦には自己所有の分譲マンション（3LDK）があるのですが、貸している人が出ていってくれないというのです。

「貸すとき普通借家契約にしたためでなんで定期借家契約にしておかなかったのか後悔していますが、仕方ありません。いま住んでいる町が大好きなので別の賃貸マンションを探していますが、家賃の高騰もありなかなか希望の物件が見つからず苦戦しています」（Aさん）

人は誰しも、複数の課題を抱えて同時並行的に考えていると注意散漫になり、正しい判断ができなかったり、動きがものすごく遅くなったりします。ひとつずつ、順番に集中して取り組むほうがうまくいきます。

Aさんの場合、**①ご家族が住むところの確保、②実家の家財の整理と貸し出し、③貸しているる自己所有のマンションの立ち退き交渉、**の順番となるかと思います。

とにかく一歩ずつ、前へ進むことが大事です。

2 意外に邪魔をしているマインドブロック

●忙しいと過去を振り返る余裕がない

実家について悩みや不安がありながら、ほったらかしにしているケースが少なくありません。その理由を探っていくと、無意識のうちにできあがった**マインドブロック**が意外に大きいことに気づきます。

実家は自分が生まれ育った場所ですが、時には**忘れてしまいたい過去の象徴**だったりすることがあります。そうでない場合も目の前の仕事や家庭のことで頭がいっぱいで、実家を含め過去を振り返る余裕がないということもあるでしょう。

こうしたマインドブロックには、私の経験からすると、いくつかのタイプがあるように感じます。

私が実家再生のコンサルティングを始めたとき、進学や就職を機に実家を離れ、その後実家を相続したビジネスパーソンからの問い合わせが多いかと思っていました。ところが、意外にそういう人からの問い合わせは少ないのです。

これは男女を問わず、仕事で忙しい人に共通します。会社で大きなプロジェクトに関わっているとか、管理職として正念場だとか、土日は仕事関係のゴルフで忙しいといったとき、田舎の実家をどうするなどという話は「面倒くさい」としかいいようがありません。特に仕事のできる人なら、自分の時給と比べて「そんなことチマチマやっていられるか」という気分になるのもわかります。

そうした面倒くささの裏には、**「実家と一緒に自分の過去を捨ててきた」「あの頃の自分には戻りたくない」といった意識**が働き、実家のことは無意識に避けてしまうということもあるでしょう。

なぜ「あの頃の自分には戻りたくない」のかといえば、親や親戚と仲が悪かったり、近所付き合いが面倒だったり、いまの自分について詮索されたくないといったことがあるからです。ただ、ビジネスパーソンの場合、実家を片付けて貸す考え方やノウハウがわかれば意外に意識が変わります。実家再生はそれほど面倒くさくなくリモートでできますし、多くは専門家に任せておけばいいのです。

さらに、実家が副収入を生むことがわかると前向きに動き出すことが多い印象です。合理性や効率性を追求するのが好きなタイプであれば、実家再生はそのスキルを発揮するチャンスでもあります。

●専門的なことがわからず立ち止まってしまう

一方、個人的な印象ですが、昭和ヒト桁世代を親に持つ人には実家のことを気にかけている人もいらっしゃいます。「家のことはちゃんとしなさい」という親からの言いつけが頭に残っていて、両親が亡くなった後「なんとかしないといけない」と気にしているようなタイプです。

ただ、いきなり不動産や建築のこととなると、「どこから手をつけたらいいのかわからない」「誰に相談すればいいのかわからない」というケースが大半です。不動産はなんだか怖いと思っている人も見かけます。配偶者に手伝ってもらおうと話をしてみても「忙しい」の一言で却下され、それきりになりがちです。

この場合、**「実家をなんとかしないといけない」というのは遺品整理のことをイメージ**している人が多いようです。これも、毎日暮らしているマイホームの片付けならモチベーションが上がるでしょうが、帰る予定のない田舎の実家ではそうはいきません。遺品を見て昔の思い出に浸る分にはいいのですが、いざ手を動かすとなるとテンションが上がりません。

さらに、遺品の整理はなんとかなっても、土地とか建物の処分ということになるとよくわからないので、そこでまた止まってしまいます。

不動産について専門的な知識はないし、やったこともない。たまたま知り合いに不動産関係の人がいても、「そんなの売れないんじゃないかな」と言われればそこで終わりです。

その他、富裕な家庭の相続人は、**親から「家の権利書は他人に見せるな」「家の資産については他人に話すな」と躾けられているケースが多い**ようです。余計に実家のことを周りに相談できず、自分だけで抱え込んでいたりします。

ただし、こうしたタイプの皆さんも「もし、貸すとか売るとかしたら……」という考えが頭の中を過ることはあるようです。

「ちゃんと片付けて貸せば、お金になりますよ」とお伝えすると、意外に目の色が変わり俄然やる気が出てくるようです。ぜひ、上手に自分のモチベーションを上げていただきたいと思います。

●売ったり貸したりできないという思い込み

もう一つよくあるマインドブロックが、田舎の実家は売ったり貸したりできるはずがないという思い込みです。

これについても国土交通省の調査にはっきりと出ています。

空き家を売却・賃貸する上での課題としてトップに挙げられているのが「買い手・借り手の少なさ」（42・3%）、そして「住宅の傷み」（30・5%）、「設備や建具の古さ」（26・9%）と続きます。しかし、私自身の経験やコンサルティングの例から言うと、買い手や借り手が本当に少ないのかどうかきちんと確認している人はほとんどいません。

多くの場合、少数の知人や不動産関係者などに「地方にある築30年の実家なんだけど売ったり貸したりできるかな」という大雑把な質問をし、「うーん、難しいんじゃない」といったこれまた大雑把な意見をもらってそう思い込んでいるのです。「住宅の傷み」や「設備や建具の古さ」についてもそうです。こうした点については**建築や不動産の専門家、あるいは実家がある地元の賃貸市場に詳しい仲介会社（できれば複数）に聞かないとわ**

図表3　空き家を売却・賃貸する上での課題

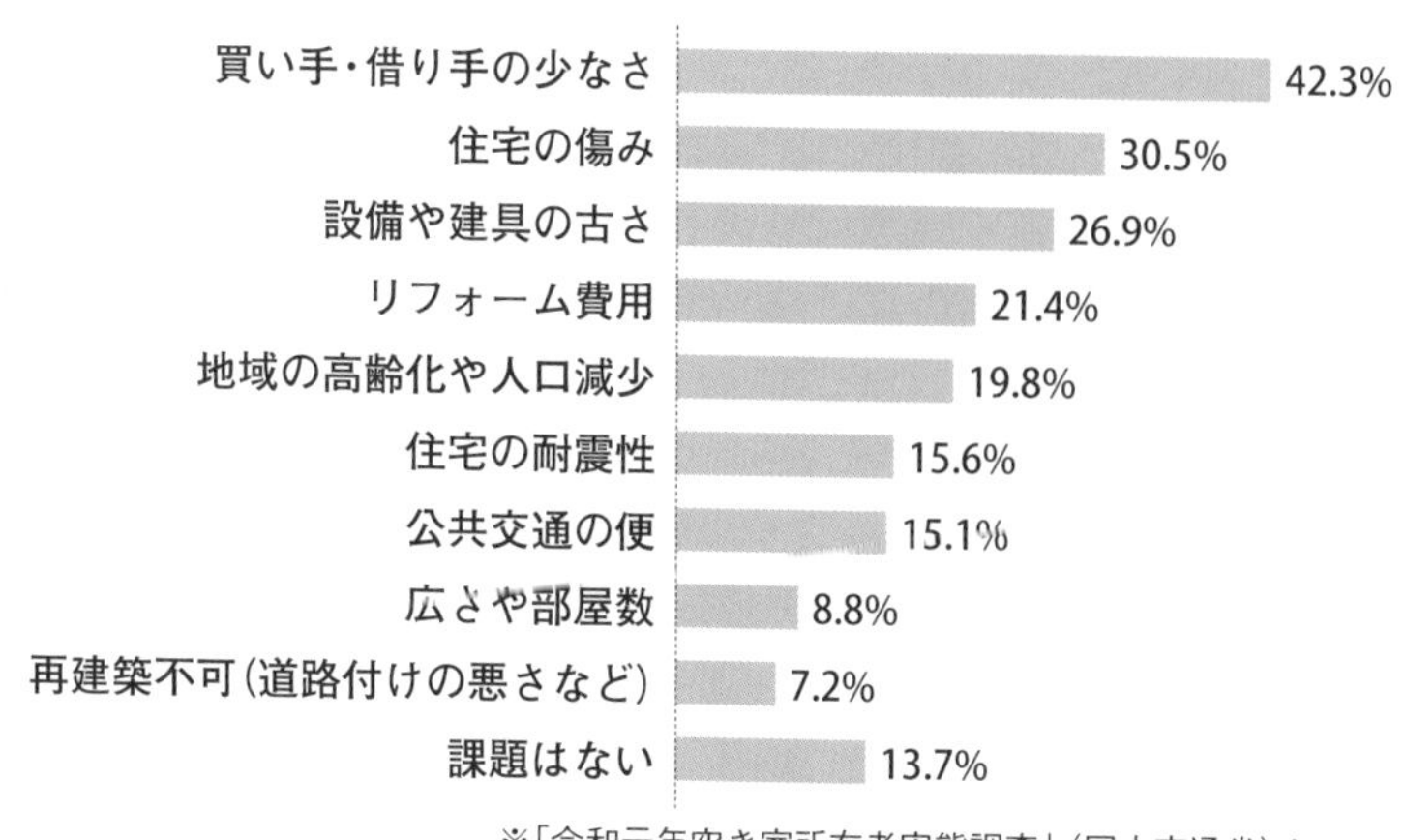

※「令和元年空き家所有者実態調査」（国土交通省）より

かりません。

長年の都会暮らしによって染み込んだ感覚で「買い手や借り手はまずいないだろう」「築30年にもなるときっとあちこち傷んでいるはず」「設備や建具が古いから敬遠されるだろう」と判断しているとしたら、とてももったいないことです。

自分が暮らす場合に建物や設備に求める水準と、他人が借りてくれる際のそれとは大きく異なっています。新築や築浅できれいな賃貸物件を見てきた目線からは、実家は古すぎてとても貸せないと思うかもしれませんが、そんなことはありません。

住まいに求める理想と妥協のポイントは人により千差万別なので、自分の思い込みで判断せず、意見を広く聞いてみることが大切です。

第1章のまとめ

1. 誰も住まなくなった実家で悩んでいたり不安を感じたりしている人は多いが、そこにはいくつかの理由がある。

2. 物理的に遠い場合、飛行機代や新幹線代を使い、せっかくの休みの日をつぶして行くとなると、それだけでモチベーションが下がる。

3. 戸建ては庭の手入れなど維持管理に手間がかかる。植物の成長は早く、気が付くと草木が伸び、葉が茂り、秋になれば落ち葉だらけに。

4. 家の中に多くの遺品や家財が放置されていることも大きい。

最初のうちはなんとか片付けようと思っても、
途中で手が止まってしまい、そのままになってしまう。

5. 相続時になんとなく共有にしてしまっていることも意外にポイント。
人に貸すには共有者の過半数の同意が必要になる。
売却したり建物を取り壊したりするとなると全員の同意が必要。

6. さらに、実家についての悩みや不安がありながら、
ほったらかしにしたままというケースが少なくない。背景には
無意識のうちにできあがったマインドブロックがある。

7. 仕事などで忙しい人は「遠い田舎の実家のことなんて構っていられない」
となりがち。その裏には「実家と一緒に自分の過去を捨ててきた」
という思いがあったりする。また、「田舎の実家は売ったり
貸したりできるはずがない」と思い込んでいる人も多い。

第　2　章

知られざる空き家の実態とリスク

1 年々増え続けている空き家

●全国に約850万戸、約7戸に1戸は空き家

本章では、誰も住まなくなった実家の実態とはどういうものなのか、データなどをもとに見ていきます。

まず、5年に一度公表される国の「住宅・土地統計調査」の最新版（2018年）によると、2018年10月1日時点で全国には6240万7000戸の住宅があり、**そのうち「空き家」は848万9000戸、総住宅数に占める割合（空き家率）は13・6%**に達します。

いまや住宅ストック数（約6240万戸）は総世帯（約5400万世帯）を800万以上も上回っており、それとほぼ同じくらいの空き家があるのです。

日本の人口はすでに2008年頃をピークに減少しており、世帯数についても2023年以降は増加から減少に転じる見込みです。今後、**空き家数も空き家率もさらに上昇していく**ことは間違いありません。

●増え続けているのは「誰も住まなくなった実家」

一口に「空き家」といっても実際にはいくつかのパターンに分類されます。

入居者の入れ替えに伴うケースが中心の「賃貸用の住宅」が432万7000戸（総住宅数に占める割合6・9％）、売主が引っ越した「売却用の住宅」が29万3000戸（同0・5％）、別荘などの「二次的住宅」が38万1000戸（同0・6％）、「その他の住宅（その他の空き家）」が348万7000戸（同5・6％）です。

これらのうち私たちが普通にイメージする「空き家」、つまり持ち家（マ

図表4　空き家数および空き家率の推移（全国）

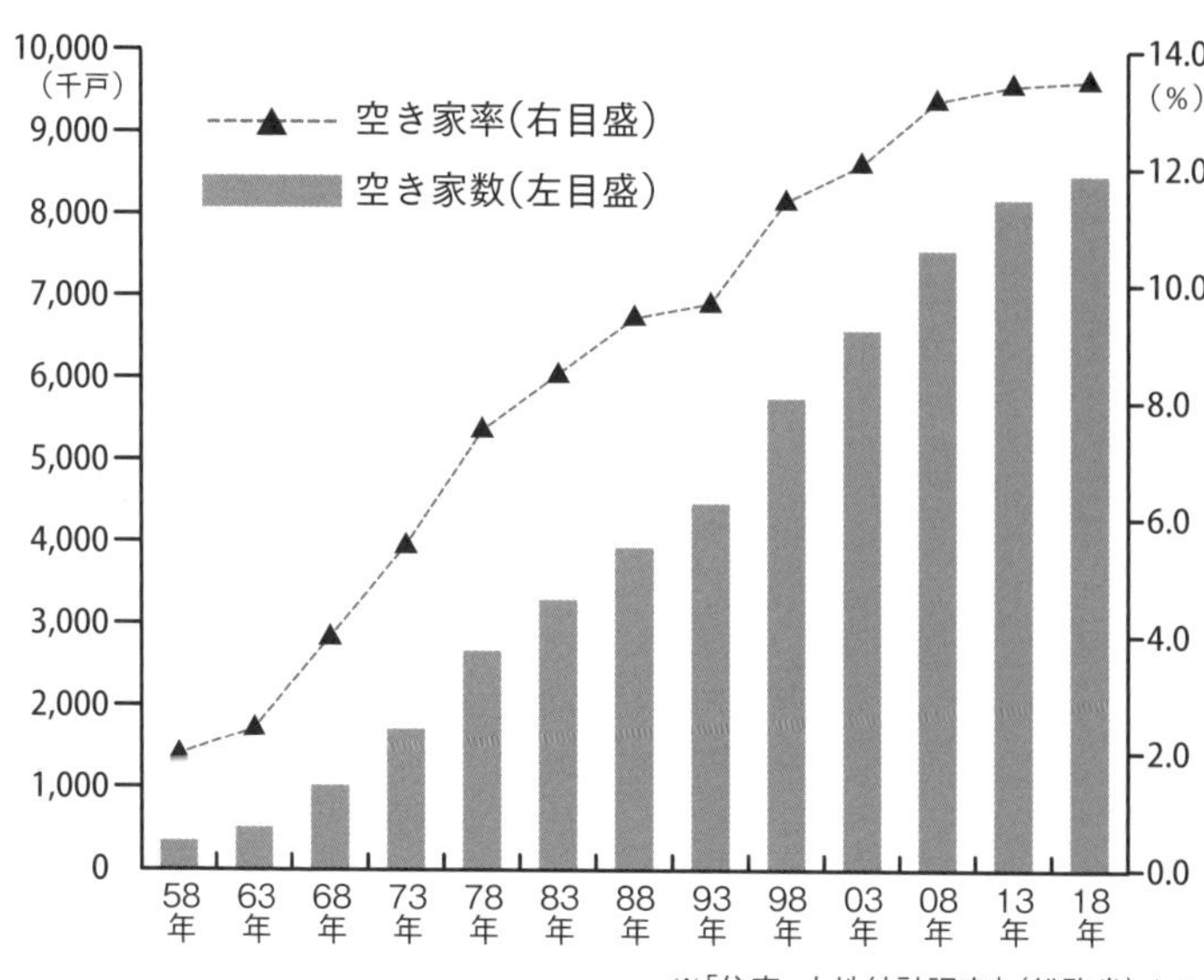

※「住宅・土地統計調査」（総務省）より

イホーム）として家族が住んでいたのに、そのうち誰も住まなくなった実家にあたるのが「その他の住宅（その他の空き家）」です。

「空き家」全体では約10年前の調査（2013年）に比べて29万3000戸（3・6％）増えているのですが、実は「その他の住宅（その他の空き家）」は30万4000戸（9・5％）と全体の増加数を上回っています。他の空き家はほとんど増えていないかむしろ減っているのに、「その他の住宅（その他の空き家）」がどんどん増えているのです。

いま問題になっている「空き家」の増加とは、そのほとんどが「その他の

図表5　タイプ別空き家数の推移

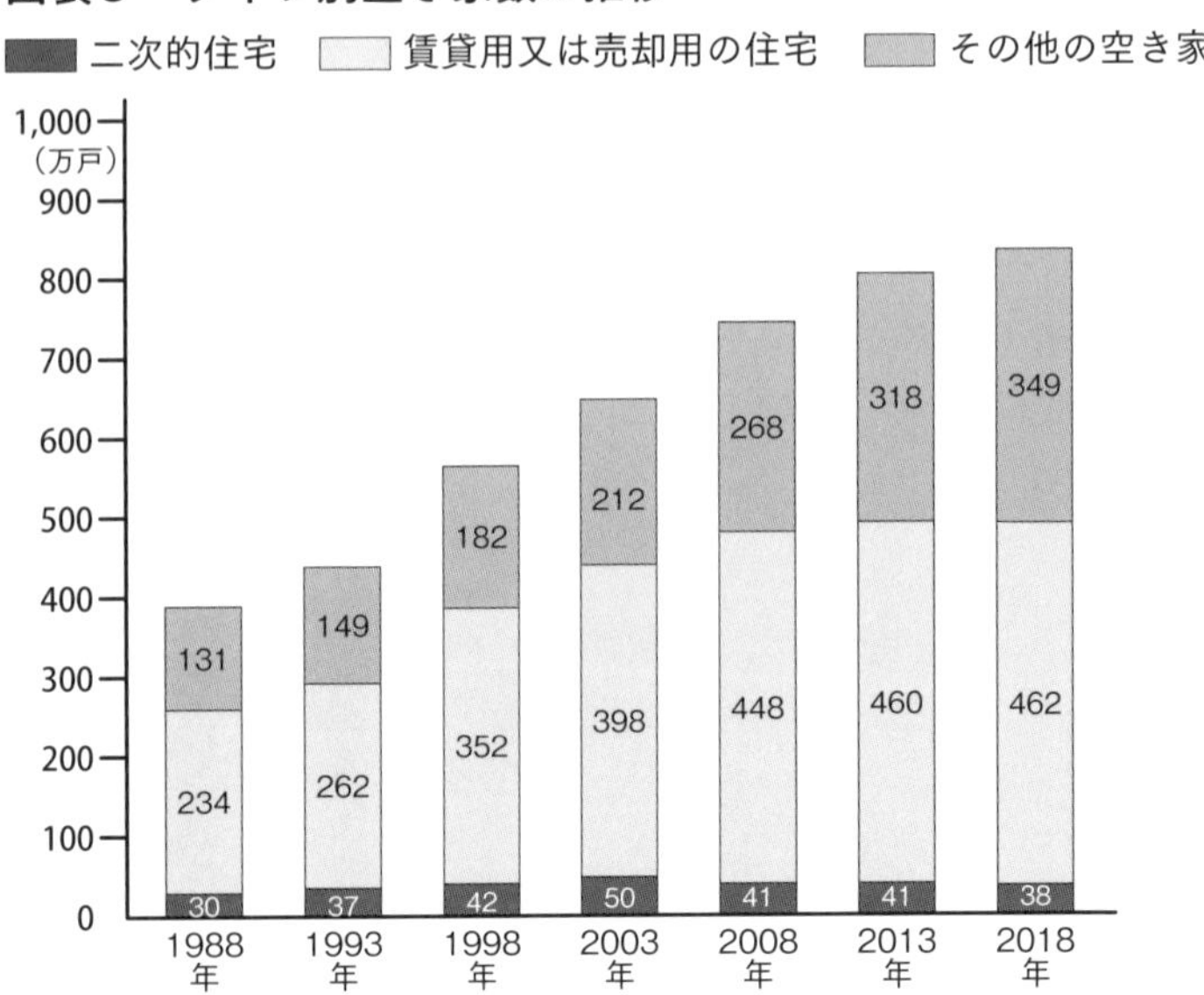

※「住宅・土地統計調査」（総務省）より

住宅（その他の空き家）」、すなわち「誰も住まなくなった実家」によるものなのです。

●誰も住まなくなった実家で多いのは「相続した昭和の木造戸建て」

いま増え続けている「誰も住まなくなった実家」とは具体的にはどのような住宅なのでしょうか。その〝素顔〟を確認してみましょう。

まず、「その他の空き家」の建て方・構造について、統計データによると木造の一戸建てが約7割を占めます。一戸建てでも非木造は5％もなく、アパートやマンションなどの共同住宅は

図表6　「その他の空き家」の建て方・構造別戸数・割合

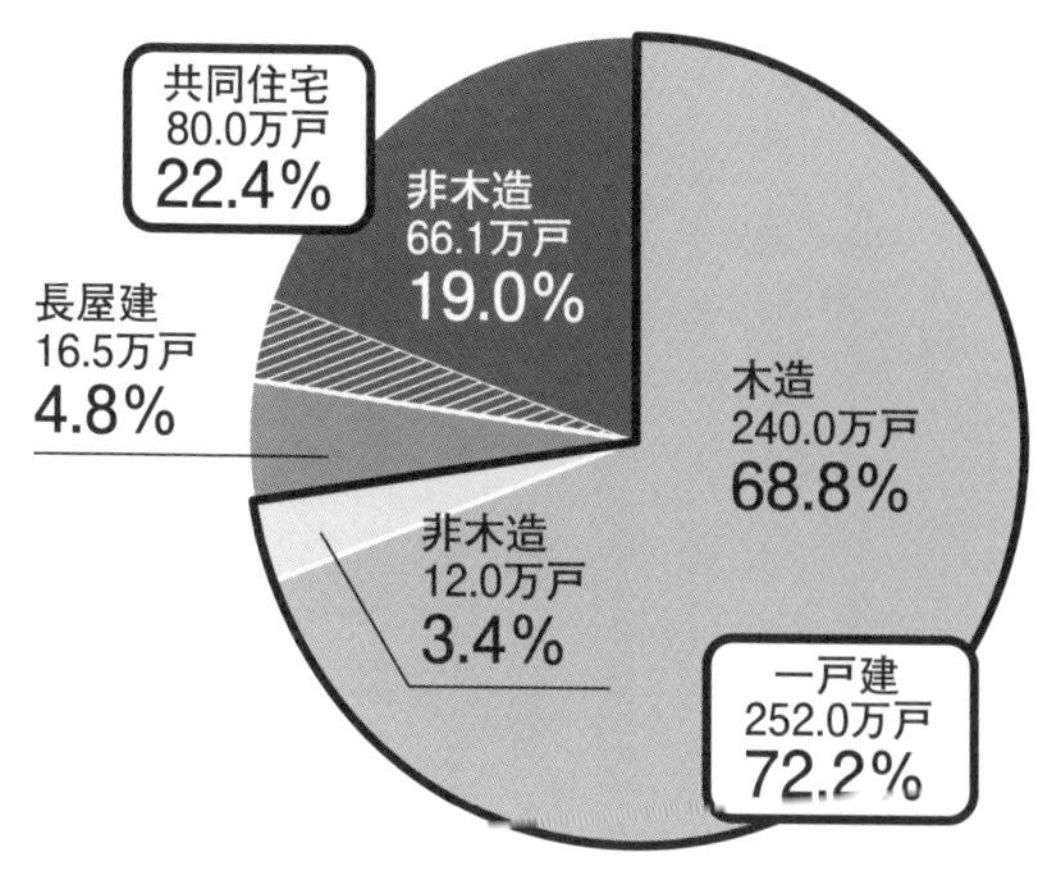

※「住宅・土地統計調査」（総務省）より

約2割にすぎません。

また、建設時期については4分の3超が1980年（昭和55年）以前に建てられています。

さらに、空き家の取得の経緯は相続が約55％と半分以上を占めています。ここから見えてくるのは、誰も住まなくなった実家の多くは、「相続した昭和の木造戸建て」だということです。

これは多くの人の印象やイメージと合致するものではないでしょうか。地方に行くと駅前商店街にはシャッターの下りた2階建ての店舗兼住宅が並んでいます。大都市圏の近郊にあるニュータウンには雨戸を締め切って「売出中」などの看板のある戸建てが点在しています。そして、これらの多

図表7　「その他の空き家」の建設時期

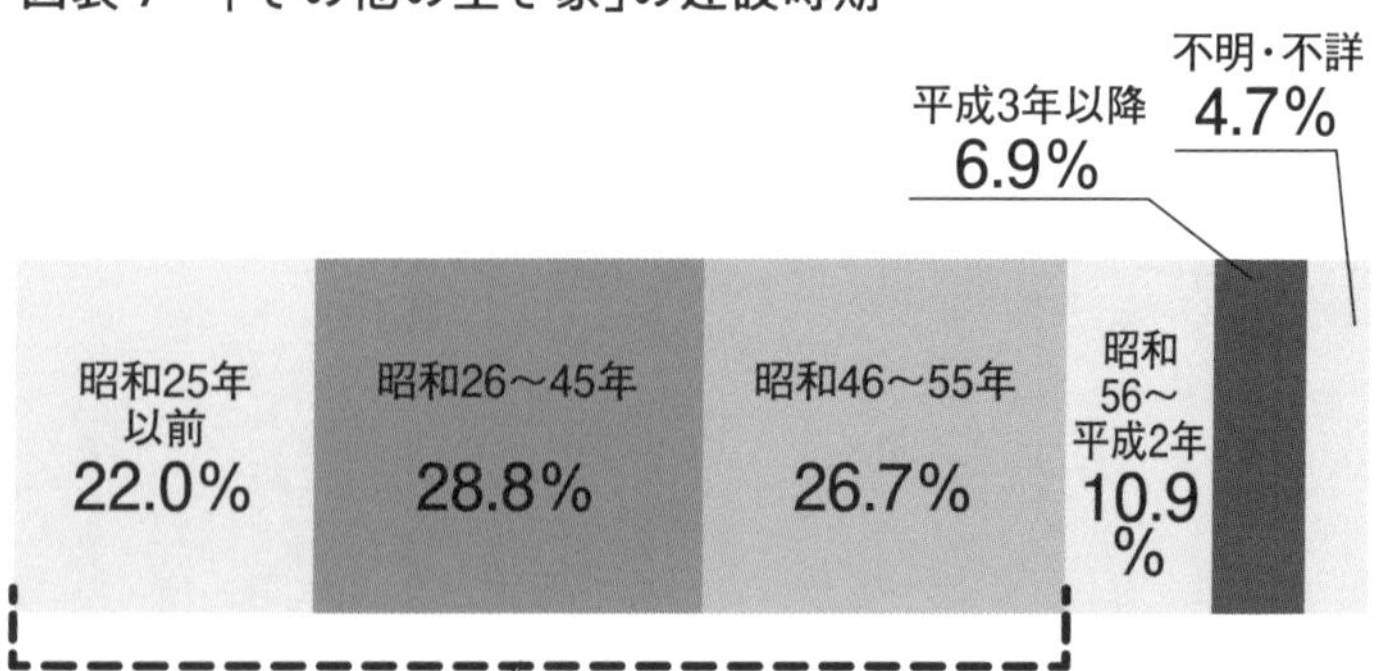

※令和元年空き家所有者実態調査（国土交通省）
利用現況が売却用、賃貸用及び別荘・セカンドハウスを除いたもの

くは木造です。

この本で取り上げるのは、まさにこうした「空き家」とそれを所有している、あるいは今後所有する可能性のある皆さんについてです。

図表8　空き家の取得経緯

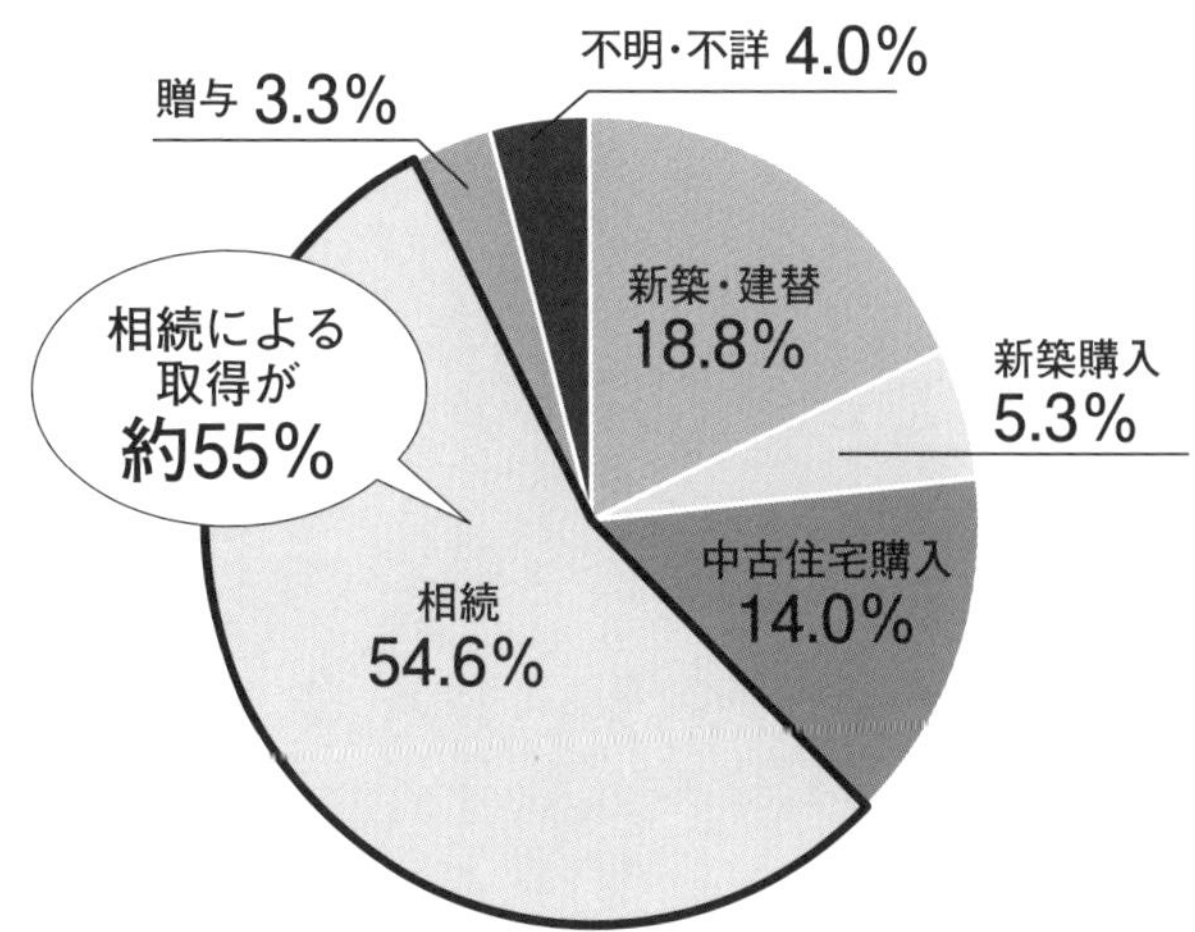

※「令和元年空き家所有者実態調査」（国土交通省）より

増え続けている『空き家』

全国の住宅
約6241万戸

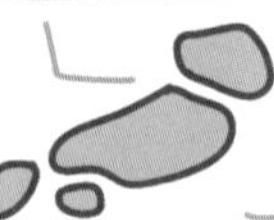

うち空き家は
約850万戸

いまや全国の
7戸に1戸が
空き家

人口減少で
今後さらに
増加する見込み

増加する空き家のほとんどは『誰も住まなくなった実家』

そしてその
多くは…

相続した
昭和の木造戸建て

実はこの戸建てが
『金の卵』に
変わるんです！

エー!!

知りたい
知りたい!

2 年々厳しくなる空き家への風当たり

●国では空き家の増加を厳しく抑制する方針

年々、増え続ける「その他の空き家」＝「誰も住まなくなった実家」について、政府の推計では直近のトレンドのままでいくと２０２５年（令和7年）には４２０万戸、２０３０年（令和12年）には４７０万戸程度になるとしています。

これは単純計算で毎年10万戸ずつ増えていくペースです。ちなみに２０２２年1年間に建設された新築住宅（持ち家、賃貸住宅、分譲住宅などの合計）は約86万戸なのでその1割強にあたります。新しい住宅を約86万戸つくりながら、その一方で10万戸も空き家が増えていく。これはどう考えても異常です。

政府や自治体も当然、危機感を強めており、２０３０年に４００万戸程度に抑えることを目指しています（それでも単純計算で毎年4万戸強増えるペースですが……）。

そのために近年、**「空家等対策の推進に関する特別措置法（空家対策特別措置法）」の導入**

・改正や「空き家バンク」の運営、空き家対策のワンストップ窓口の設置などが急ピッチで進められています。

●周囲に著しい悪影響を及ぼすものを「特定空家等」に指定

増え続ける空き家に対する行政の厳しい姿勢を表す筆頭が2015年に施行された**「空家対策特別措置法」**です。

この法律のポイントは、**持ち家という私有物の利用に対して自治体が介入できるようにしたことです。**

空き家といっても所有者のもので、リフォームしようが建て替えようが、売ろうが貸そうが、住むのも住まないのも、基本的に自由です。

しかし、空き家のまま放置すると建物が老朽化し、敷地内に雑草なども生い茂り、周辺の居住者や環境に対して様々な被害と悪影響を及ぼ

図表9 「その他の空き家数」の推移と住生活基本計画の目標

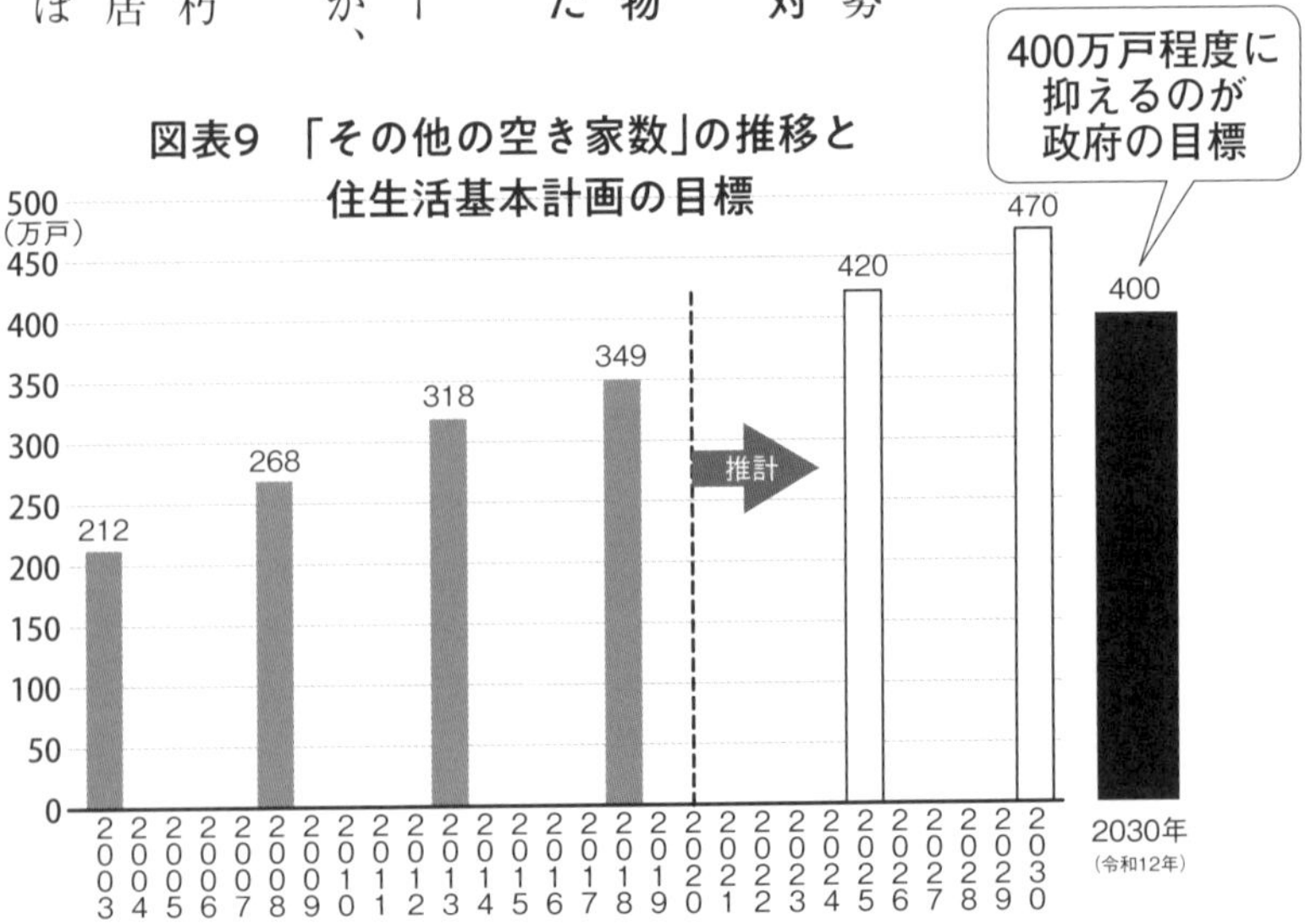

※「令和元年空き家所有者実態調査」(国土交通省)及び「住生活基本計画」より

す可能性があります。

そこでこの法律は、図表10のような目的でつくられ、また空き家（法律では「空家」）や「特定空家等」について細かく定義しています。

図表10 「空家対策特別措置法」の目的及び「空家」「特定空家等」の定義

目的	適切な管理が行われていない空家等が防災、衛生、景観等の地域住民の生活環境に深刻な影響を及ぼしていることに鑑み、地域住民の生命、身体又は財産を保護するとともに、その生活環境の保全を図り、あわせて空家等の活用を促進するため、空家等に関する施策に関し、国による基本指針の策定、市町村（特別区を含む。）による空家等対策計画の作成その他の空家等に関する施策を推進するために必要な事項を定めることにより、空家等に関する施策を総合的かつ計画的に推進し、もって公共の福祉の増進と地域の振興に寄与することを目的とする。
空家の定義	建築物又はこれに附属する工作物であって居住その他の使用がなされていないことが常態であるもの及びその敷地（立木その他の土地に定着する物を含む）。
特定空家等の定義	そのまま放置すれば倒壊等著しく保安上危険となるおそれのある状態又は著しく衛生上有害となるおそれのある状態、適切な管理が行われていないことにより著しく景観を損なっている状態、その他周辺の生活環境の保全を図るために放置することが不適切である状態にあると認められる空家等をいう。

特に重要なのが**「特定空家等」**で、整理すると次のいずれかにあてはまると「特定空家等」になるというのです。

①倒壊等著しく保安上危険となるおそれのある状態
②著しく衛生上有害となるおそれのある状態
③適切な管理が行われていないことにより著しく景観を損なっている状態
④その他周辺の生活環境の保全を図るために放置することが不適切である状態

「特定空家等」に指定された空き家に対して自治体では、段階を追って「助言又は指導」「勧告」「命令」「戒告」といった対応を行います。

例えば**「勧告」を受けるところまでいくと、あとで触れますが固定資産税等において認められている「住宅用地の特例」の適用が外され、固定資産税等の額が最大6倍に増えること**になります。

「命令」になると50万円以下の過料が科されます。

最終的には「行政代執行」によって所有者に代わって空き家を解体・除去することまでできます。自治体が解体・除去するためにかけた費用は空き家の所有者が負担しなければなりません。

実際に2015年度から2021年度までの累計で、**勧告を受けた「特定空家等」は全国で2382件あり、命令は294件、行政代執行も140件**あります。

●新たに設けられた「管理不全空家」

さらに2023年6月の法律改正においては、「特定空家等」と認めるまでには至らなくても、そのまま放置すれば「特定空家等」になるおそれがある空き家に対しても、助言又は指導、勧告を行うことができるようになりました。

こうした空き家は「管理不全空

図表11 「特定空家等」に対する措置の流れ

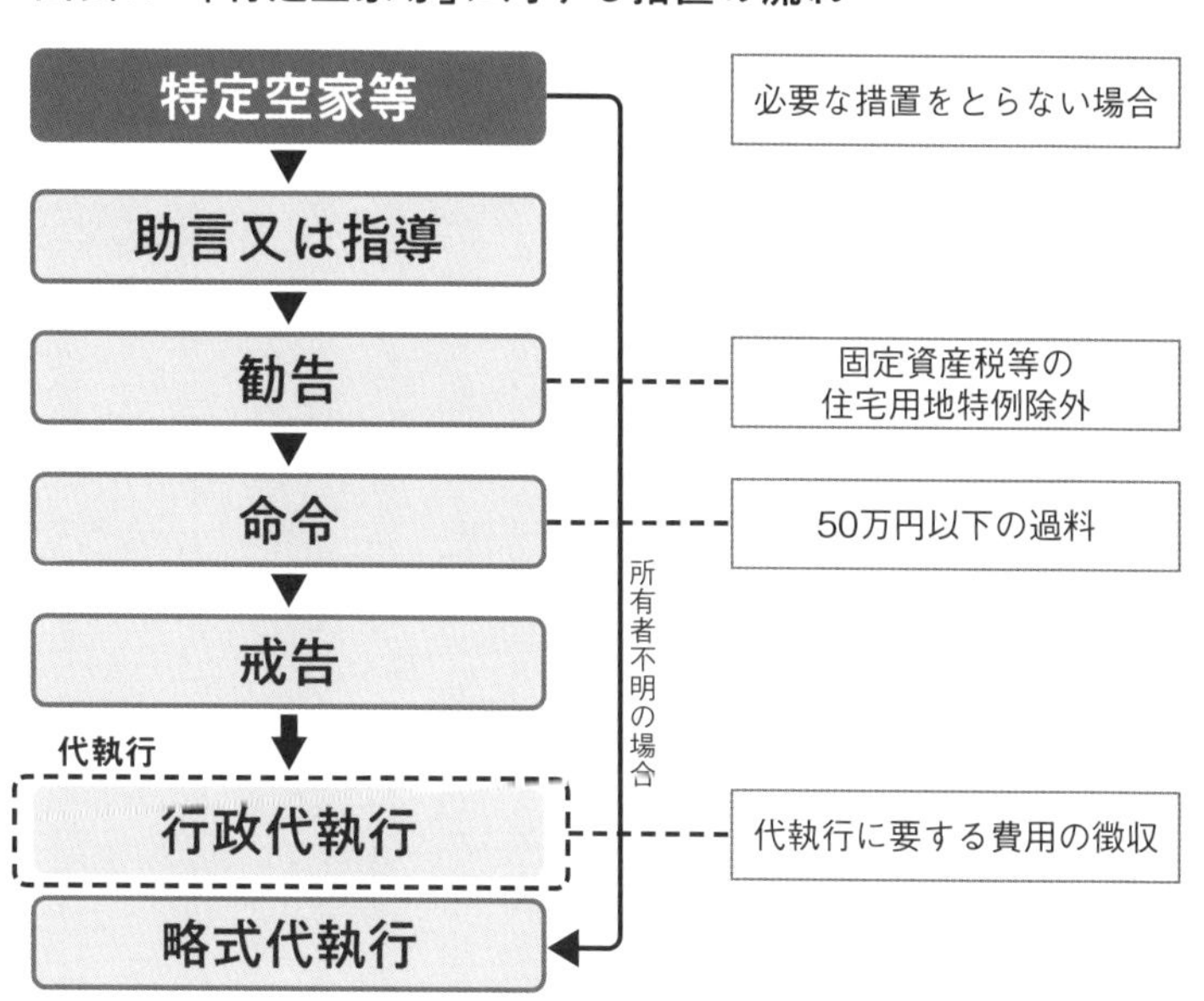

家」と呼ばれ、勧告を受けると「特定空家等」と同じく、固定資産税等における住宅用地の特例の適用が除外され、固定資産税等が最大6倍になります。

空き家問題を抑え込もうという、国や地方自治体の強い意志が感じられる改正だと思います。

3 空き家についてまわる数々のリスク

●放置すればするほど高まるリスク

「誰も住まなくなった実家」を放置しておくことは、周辺環境に悪影響を及ぼすだけでなく所有者にも様々なリスクとなります。

さらにそうしたリスクは、放置する期間が長くなればなるほど高まっていくという傾向があります。一般論としては空き家になったら早い段階で対応を考え、対策を講じればいいのですが、なかなかそうはいかないのが「誰も住まなくなった実家」の難しいところです。

当事者の皆さんならおわかりでしょうが、最初は気になって「なんとかしよう」といろいろ考えますが、簡単には答えが見つかりませんし、どこに相談すればいいのかもわかりません。そもそも、まとまった時間をとって実家に帰るというのも面倒です。仕事や家庭のことに追われ、いつの間にか忘れてしまうというのが実態ではないでしょうか。

●建物の価値が低下するリスク

空き家のリスクとしてまず挙げられるのが、**建物の価値が低下すること**です。

そもそも日本の不動産市場では、木造住宅の市場価値（売買価格）は築20年もすると大幅に低下します。それでも「普通に生活できる状態」なのと「そのままでは住めないほど傷んだ状態」では当然、差がつきます。

空き家は普通、窓を締め切ったままなので、どうしても内部の空気が淀みます。そのため湿気がこもり壁や床、天井などの建材や建具の劣化が進みます。

また、台風や大雨で雨漏りが起こると、木造住宅では柱や土台などの木が腐ったりシロアリの被害を受けやすくなったりします。住んでいないことでそうした被害に気づくのが遅れるということもあります。

さらに、貸すことを考えると雨漏りやシロアリの被害は直す必要がありますし、傷んだ内装の補修が必要になることもあるでしょう。あるいは、そうした補修を諦めて建物を取り壊すとなればそれはそれで費用がかかります。

実際の金額はエリアや敷地の道路付け（大型の重機が入れるかどうかなど）の条件で違ってきますが、木造2階建てで延べ床面積150㎡程度の建物であれば200万円程度はかかるといわれます。

●固定資産税等の額が最大6倍になるリスク

先ほど触れた空家対策特別措置法における「特定空家等」や「管理不全空家」に指定され、かつ勧告を受けると、税金の負担が重くなるリスクも見過ごせません。

土地や建物を所有していると地元の市区町村から毎年、固定資産税と都市計画税の納税通知書が届きます。納税義務があるのは毎年1月1日時点の所有者で、税額はそれぞれの市区町村が土地、建物別に定めた固定資産税評価額に一定の税率をかけ計算します。

その計算において、戸建て住宅やアパート、賃貸

図表12 「住宅用地の課税標準の特例」の軽減割合

区分	面積	固定資産税	都市計画税
小規模住宅用地	$200m^2$以下の部分	価格×$\frac{1}{6}$	価格×$\frac{1}{3}$
一般住宅用地	$200m^2$超の部分	価格×$\frac{1}{3}$	価格×$\frac{2}{3}$

マンションなど人が住むための建物が立っている土地については、**「住宅用地の課税標準の特例」**という制度があります。

具体的には、税額を計算するベースになる課税標準額（通常は固定資産税評価額）を図表12のような割合で引き下げるものです。

空き家も通常はこの特例の対象となります。

例えば、空き家になっている実家の敷地が３００㎡であれば、そのうち２００㎡までの部分は固定資産税の課税標準が６分の１、都市計画税なら３分の１に引き下げられます。また、敷地のうち２００㎡超の部分は固定資産税が３分の１、都市計画税が３分の２となります。税額もそれぞれの比率に応じて軽減されるというわけです。

ところが**空家対策特別措置法における「特定空家等」あるいは「管理不全空家」に指定され、かつ勧告を受けると、この特例から除外され、税額が一気に跳ね上がる**のです。

ケースによって異なりますが、地方にある木造戸建ての空き家であればこの特例で概ね年間の固定資産税等は10万円以下だと思います。それが特例から除外されると十数万円、場合によっては20万円以上になることも出てくるでしょう。

そんなに大きな負担増かというと微妙なところですが、かといって誰も住まないのに毎年それだけの税金を払うのもいかがなものかという感じではないでしょうか。

●万が一の際の損害賠償リスク

確率的にはそれほど大きくなくても、万が一の際には巨額の負担になる可能性があるのが**損害賠償リスク**です。

例えば、建物の外壁が崩れたり屋根の瓦が落ちたりして通りがかった人がケガをしたり隣家に損害を与えたりした場合、建物の管理者や所有者が損害賠償の責任を負わなければなりません。民法第717条の「工作物責任」といわれるものです。

条文にもあるように、工作物責任はまずは工作物（建物等）の占有者が負います。占有者とは一般に工作物を事実上支配する者で、その瑕疵を修補し、損害の発生を防止し得る

図表13　民法の工作物責任

第717条　土地の工作物の設置又は保存に瑕疵があることによって他人に損害を生じたときは、その工作物の占有者は、被害者に対してその損害を賠償する責任を負う。ただし、占有者が損害の発生を防止するのに必要な注意をしたときは、所有者がその損害を賠償しなければならない。

２ 前項の規定は、竹木の栽植又は支持に瑕疵がある場合について準用する。

３ 前二項の場合において、損害の原因について他にその責任を負う者があるときは、占有者又は所有者は、その者に対して求償権を行使することができる。

者とされます。

ただ、占有者が「損害の発生を防止するのに必要な注意」をしていたことを立証したときは、工作物の所有者が損害賠償責任を負います。所有者には免責事由が認められておらず、所有者は無過失の責任を負います。

また、この規定は、竹木の栽植又は支持に瑕疵がある場合にも準用されています。「誰も住まなくなった実家」にあてはめてみるとどうなるでしょうか。空き家になっていても家財などが保管されていれば占有者とみなされる可能性があります。また、占有者ではないとしても、所有者として責任を負うことは免れません。伸び放題になった庭木が倒れて被害が発生したような場合も、この工作物責任が問われます。

なお、「工作物の設置又は保存に瑕疵があること」というのは、工作物がその種類に応じて通常備えているべき安全性を欠いている状態を指します。

ここでいう安全性は通常のレベルでよく、実際に裁判になった場合には事故当時におけるその工作物の構造、用法、周辺環境、利用状況などの事情を総合的に考慮し、個別具体的に判断されます。第三者または被害者の異常な行動による危険や、異常な自然力に対する安全性まで備えている必要はありません。

とはいえ、空き家にして何年もほったらかしにしていれば、それだけ工作物責任を負うリスクが高まることは間違いありません。

●相続を巡るトラブルなどのリスク

「誰も住まなくなった実家」を放置しておくことのリスクは、以上のような直接的なものだけではありません。相続を巡るトラブルなど間接的なリスクにも注意が必要です。

相続では亡くなった人（被相続人）が生前に所有していた財産や負債、権利関係が基本的にすべて、民法の規定による相続人に引き継がれます。

2022年のデータ（相続税がかかったケースに限る）によれば、相続財産のうち多くを占めるのが現金・預金等（34・9％）に続いて土地（32・3％）や家屋（5・1％）といった不動産です。

相続税がかからなかったケースを含めると、おそらく相続財産で金額的に一番大きいのは実家の土地や家屋ではないかと思われます。

他の相続財産に比べて土地や建物など不動産の大きな特徴は、分割しにくいことです。現金や預貯金であればすぐ分けることができますが、不動産はそうはいきません。

図表14　相続財産の金額の構成比の推移

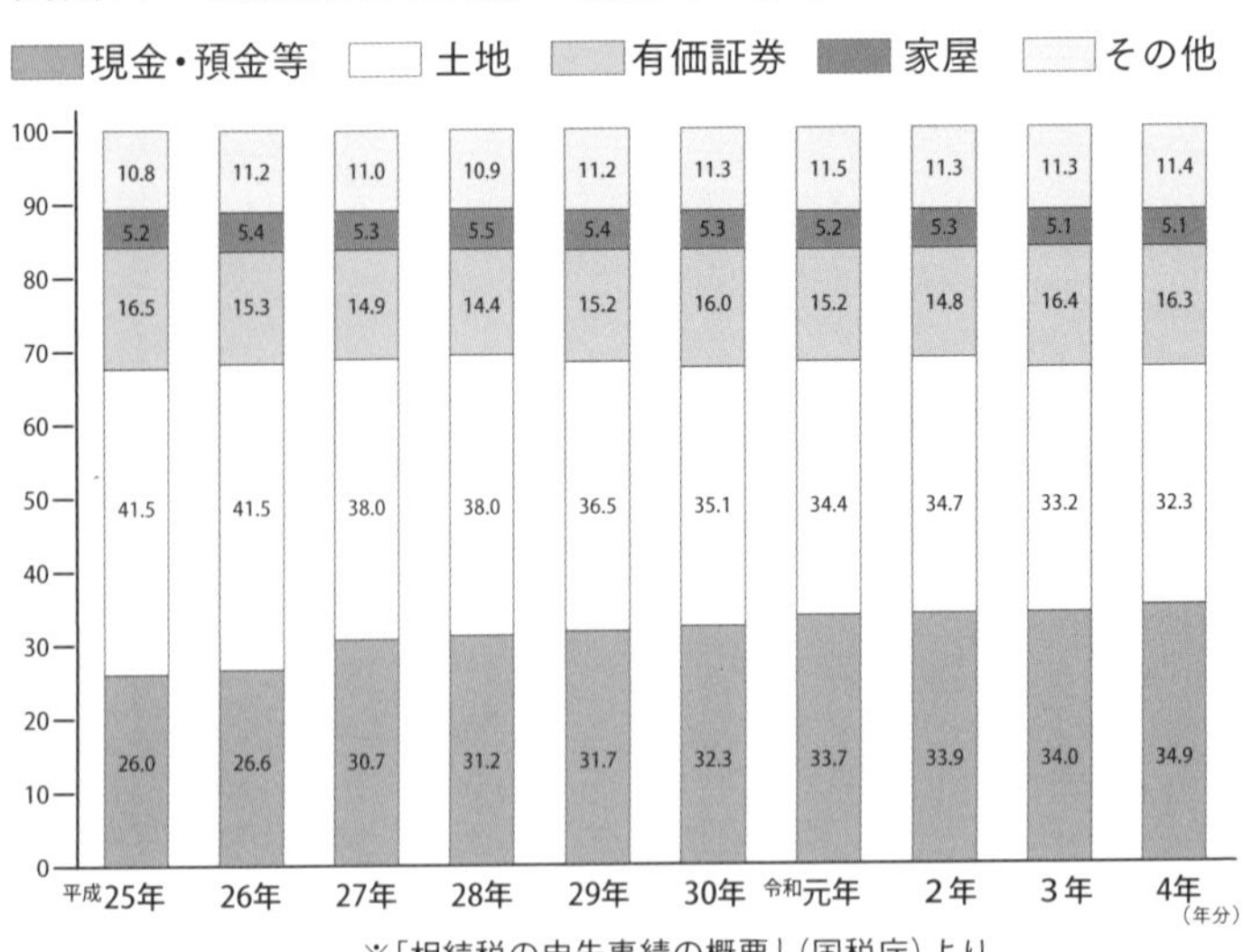

※「相続税の申告事績の概要」（国税庁）より
（注）上記の計数は、相続税額のある申告書のデータに基づく

例えば、相続人のうちの一人が親の自宅敷地に二世帯住宅を建てて一緒に住んでいた場合、他の相続人としては親の自宅敷地を売却して代金を分割したいと思うでしょう。しかし、二世帯住宅を建てて住んでいる相続人としては自宅を手放さなければならないのでとても同意できません。

こうした場合、親と同居していた相続人が親の自宅敷地を相続し、他の相続人にその相続分に見合った金銭（代償金）を支払う**「代償分割」**という方法もあります。しかし、自宅敷地を相続する相続人にはそれだけの資金力が必要となります。そこで話がストップし、裁判にまでもつれ込むこともあり

図表15　遺産分割事件のうち認容・調停成立件数における遺産の価額別割合

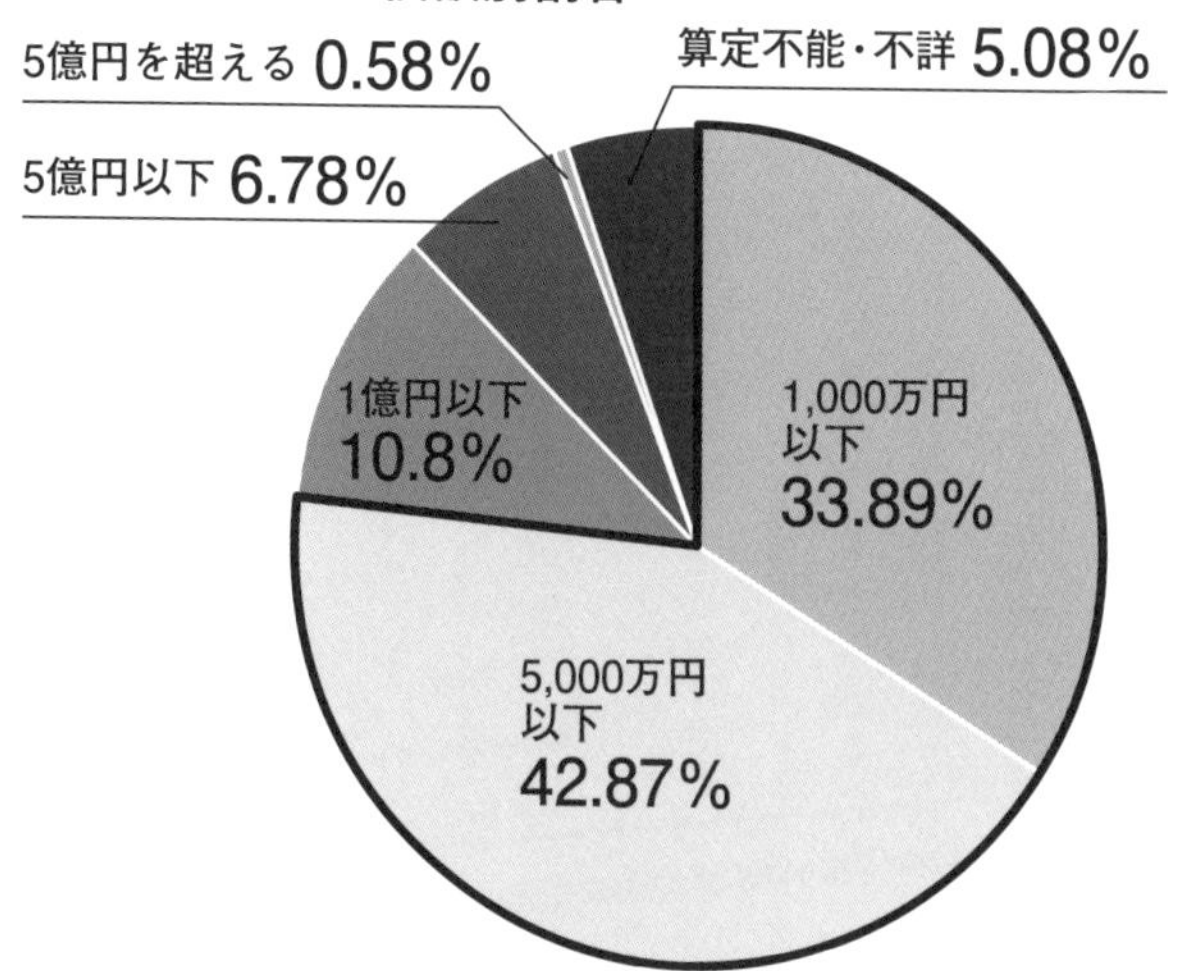

※「令和元年司法統計年報 家事編」（最高裁判所）より
遺産分割事件のうち認容・調停成立件数（「分割しない」を除く）

ます。

相続を巡る裁判（遺産分割調停）では遺産が5000万円以下というケースが4分の3以上を占めます。これらの中には実家の土地、建物を巡る争いが相当、含まれるといわれています。

●相続登記をしないと過料が科されることも

誰も住まなくなった実家の相続を巡って、さらに注意が必要なのが**「相続登記の申請義務化」**です。

誰も住まなくなった実家の中には、相続登記をしないままというケースがかなりあるはずです。両親が亡くなったものの子どもたちは皆地元を離れており、登記簿上は親の名義のまま放置されているのです。

以前はこうした状態でも特に問題はありませんでした。もともと不動産登記は所有者の権利を守るためのものであって、義務ではありませんでした。特に相続においては「手間や登記費用を考えると、いまでなくていいだろう」「相続人の間で話し合いがまとまらない」「遺産分割協議が面倒くさい」といった理由から先送りにされることが少なくありませんでした。所有者の住所が変わった際の登記も義務化されておらず、所有者へ連絡をとろうとしても居場所がわからないというケースも多発しています。

その結果、全国に所有者不明の土地がどんどん増えており、公共工事の実施などにおいていろいろ悪影響が出るようになっています。そこで国では不動産登記法を改正し、**2024年4月1日からは「相続の開始および所有権を取得したと知った日から3年以内」に相続登記を行うことを義務化する予定**です。

2024年4月1日以降、不動産を取得した相続人は、原則として**相続から3年以内に相続登記の申請をしなければなりません**（厳密には相続開始を知った日から3年以内）。正当な理由がないにもかかわらず申請をしなかった場合には、10万円以下の過料が科されることがあります。

空き家のリスク
しかも、これらのリスクは放置すればするほど高まっていきます…
よくわからない…
…
面倒くさい
建物の価値低下
シロアリの被害に気づけない
人が住まないと劣化が早い
固定資産税が
最大6倍に
「特定空家等」や「管理不全空家」の勧告を受けると特例から除外
損害賠償の可能性
万が一、古くなった屋根の瓦で人がケガしたら…
民法717条「工作物責任」
うわっ
相続巡った親族同士の争い
現金などとちがって不動産はかんたんには分割できない
登記しないでいると、過料が科される
相続してから3年以内に登記しないと10万円以下の過料

注意しなければならないのは、**過去の相続も対象になること**です。その場合は原則として2024年4月1日から3年以内です（相続開始を知った日のほうが遅い場合はそれから3年以内）。

また、住所などを変更した場合も2026年4月28日までには登記申請が義務化される予定で、こちらは変更があった日から2年以内に登記申請しないと5万円以下の過料の対象となります。

「誰も住まなくなった実家」を放置しておくことは、不動産登記の面からも対応が必要になってくるのです。

●一定の条件を満たせば手放すことも可能

なお、国としては空き家のほか所有者が不明な土地が増え続けていることに危機感を持っており、「空家対策特別措置法」の制定・改正や「相続登記の申請義務化」のほか、一定の条件を満たせば空き家やその他の不動産を手放して国が引き取る制度も設けました。

それが「相続土地国庫帰属制度」で2023年4月27日からスタートしています。過去に相続した土地についても対象で、これまでにない画期的な制度といえます。

ただ、「相続土地国庫帰属制度」を利用して土地を手放すには図表16のような手続きがあり、かなり厳しい審査があること、また一定の負担金を予め納める必要があることには注意が必要です。

図表16 「相続土地国庫帰属制度」の手続きの流れ

ステップ❶ 承認申請	相続等によって土地の所有権又は共有持分を取得した者は、法務局に対して、その土地の所有権を国庫に帰属させることについて承認を申請する。なお、申請時には土地一筆当たり1万4000円の審査手数料が必要。
ステップ❷ 要件審査・承認	法務局は承認の審査をするために必要と判断したときは、職員による調査を行う。そして、通常の管理や処分をするよりも多くの費用や労力がかかる土地として法令に規定されたものに当たらないと判断したときは承認する。
ステップ❸ 負担金納付	土地の所有権の国庫への帰属の承認を受けたら、30日以内に所定の負担金（※）を国に納付する。
ステップ❹ 国庫帰属	負担金を納付した時点で、土地の所有権が国庫に帰属する。

※負担金の額は、国有地（種目別）の管理に要する10年分の標準的な費用をもとに算定され、宅地については最低20万円から。

第２章のまとめ

1．全国には８５０万戸近い空き家があり、総住宅数に占める割合は13％を超える。これから人口も世帯数も減少していく中でさらに空き家が増えることは間違いない。

2．いま増えている空き家は「誰も住まなくなった実家」がほとんど。その多くは「相続した昭和の木造戸建て」。

3．増え続ける空き家に対して国や自治体では「空家対策特別措置法」の導入・改正などで厳しく当たるようになっている。

4．空き家は放置すればするほどリスクが高まる。

例えば、人が住まないことで建物が劣化し価値が低下する。空家対策特別措置法によって「特定空家等」や「管理不全空家」に指定され、勧告を受けると固定資産税等が最大6倍になる。

5. 万が一、空き家が倒れて隣家に被害を与えたり、屋根瓦が落ちて通行人がケガをしたりすると、多額の損害賠償を請求される可能性も。

6. 実家の相続を巡っては、兄弟姉妹の間でトラブルになることも考えられる。また、相続登記の申請が義務化され、相続した実家の名義変更を所定の期間内に行わないと10万円以下の過料に。

7. 一定の条件を満たせば相続した土地を国が引き取ってくれる「相続土地国庫帰属制度」もできたが、認められる要件が厳しく負担金の納付も必要で、ハードルは高い。

第 3 章

「貸すか売るか自分で使うか」、判断の分かれ目はどこ？

1 実家の扱いにはいくつかの選択肢がある

●あまりに「売り」一択の風潮

不動産投資に関する本はたくさんありますが、誰も住まなくなった実家を片付けて貸すというようなものは見当たりません。むしろ、「空き家」を深刻に取り上げるあまり、誰も住まなくなった実家は早く取り壊したり、売却すべきといった論調が自治体や不動産業者の間では幅を利かせています。

しかし、そこには大きな誤解とミスリードがあるといわざるをえません。

例えばある不動産コンサルタントは少し前、雑誌で『空き家は「2023年」に売却したほうがいい理由3つ』として概略、次のように提言していました。

第一の理由は、先ほど紹介した2024年4月から相続登記の申請が義務化されることと、相続した空き家を売却した際の「3000万円特別控除」の適用期限が2023年12月31日までだったということです。

しかし、**相続登記の申請義務化と実家の売却には直接の関係はありません。**相続した空き家を売却した際の3000万円特別控除も2027年12月31日まで延長されました。

第二の理由は、**日銀が植田総裁に代わってこれまでの超金融緩和策を一部見直し、住宅ローンの金利が上がりそう**だということです。

ローン金利が上がれば住宅購入にはマイナスであり、売出物件の増加や取引価格の下落が予想されます。これは平均価格が1億円を超えて話題になっている東京都心部のマンション市場には当てはまっても、**地方の誰も住まなくなった実家にはほとんど関係ない**でしょう。

さらに第三の理由として、**2022年からスタートした国の「マンション管理計画認定制度」により今後、マンション管理の見える化が進むこと**を挙げています。マンションについてはそういう面もあるかもしれませんが、地方の誰も住まなくなった実家（木造戸建て）とは無関係です。

●リフォームの見積もりが高すぎる

もう一つマスコミの話をさせてください。

2023年5月のNHK「クローズアップ現代」で空き家特集をやっていました。

空き家法の改正案などを紹介し、従来の「特定空家等」に加えて「管理不全空家」という新しいカテゴリーができたこと、市区町村が空き家対策に向けて活動する民間法人をバックアップしていく動きがあることなどが取り上げられていました。

翌朝のＮＨＫニュースでも一部の内容が再度放送され、社会全体で空き家をどうするのかという動きがいよいよもう一段加速するのではないかと感じました。

ただ、この番組で私が気になったのは、都内で古くなった実家を貸そうと思ったけれど、業者に相談したらリフォーム費用が１５００万円かかるから諦めましたというケースが紹介されていたことです。

普通の人はリフォームに１５００万円かけて貸すか、それとも売ってしまうかと言われたら、ほとんどは売ってしまうほうを選ぶのではないでしょうか。

しかし、そもそも普通の一戸建てで１５００万円もかかるリフォーム工事というのはどのようなものなのでしょうか。詳細まではわかりませんが、壁や天井のクロスを張り替えたり、床のフローリングを補修したり、屋根と外壁の塗装をやり替えたりしても、そこまでかかるとは思えません。

可能性があるとしたら、耐震補強工事が含まれているケースです。

耐震補強工事を行うとなると、壁を剥がして新たに耐震壁をつくったり、基礎と土台、土台と柱などを金物で緊結したり、かなり大がかりな工事になり、それだけで数百万円かかります。

深読みすると、リフォームに高額の費用がかかるということを強調し、建物を売却したり取り壊したりするほうへ誘導していると言えなくもありません。実際、不動産会社にとっては商売のタネとなる物件（土地や建物）を仕入れる絶好のチャンスなのです。

実はそこにもう一つ選択肢があります。それが必要最低限の整理とハウスクリーニングだけして貸し出すという方法です。誰も住まなくなった実家を相続した人にとって、ここは一旦落ち着いて考えてみるべきです。

●売却には税金の優遇措置があるが、使いにくい

先ほども触れましたが、**空き家の売却を勧める話でよく挙げられる理由が、「譲渡所得の3000万円特別控除」を利用できるということ**です。

相続した日から3年を経過する日の属する年の12月31日までに、亡くなった人（被相続人）が居住用に使っていた建物を相続した相続人が、その建物（耐震性のない場合は耐震リフォームをしたものに限る）と土地、または建物を取り壊した後の土地を譲渡した場合、譲渡所得から3000万円を控除できます。

例えば、相続した実家（空き家）を１０００万円で売却できたとしましょう。
昭和の木造戸建てであれば建築費や購入価格が不明ということも多く、取得費は簡易計算で譲渡価格の５％（50万円）です。さらに売却にかかった費用として仲介手数料（36万円＋消費税）などを差し引きます。ここではざっくり譲渡所得が９００万円になるとします。通常はここに長期譲渡所得（亡くなった人の取得日を引き継ぐので所有期間5年超）として20・３１５％の所得税・住民税が約１８３万円かかります。

これに対して「譲渡所得の３０００万円特別控除」が適用されれば所得税・住民税はゼロとなり、約１８３万円分の得をするというわけです。

しかし、この特例にはいろいろな要件があり、特に**建物とともに売却する場合には現在の建築基準法の定める耐震基準（いわゆる新耐震基準）をクリアするように耐震リフォームを行う必要があります。**

先ほどのＮＨＫの番組もそうでしたが、昭和の木造戸建てで耐震リフォームをするには耐震診断、耐震設計、そして耐震工事が必要となり、手間もコストもかなりかかります。

この特例を利用するなら基本的には建物を取り壊して更地にしてからではないかと思いますが、その場合は建物の解体撤去が必要で、木造2階建てでも２００万円前後はするはずです。また、この特例は相続日から起算して3年を経過する日の属する年の12月31日までという期限が設けられており、相続人が複数いて共有になっていると意見がまとまらないことも考えられます。

そもそも、税金の優遇措置があるから急いで実家を売却するということでいいのでしょうか。ちなみに、「税金で得する」というのは不動産投資を巡るこれまでの数々のトラブルに共通してみられる鉄板の営業トークです。ほかにも選択肢はいろいろあります。

●選択肢は大きく分けて5つ

誰も住まなくなった実家をどうするか。選択肢は大きく分けて5つあります。

第一は、空き家のまま現状維持で判断を「先送り」することです。そもそも相続による共有者の意見がそろわなかったり、家の片付けを始めようと思ってもそこでつまずいてしまったりするとどうしてもそうなってしまいます。

第二は、早めに「売却」してしまうことです。売買専門の仲介会社に依頼したり、自治体が運営する「空き家バンク」に登録したり、最近は空き家を専門とする民間のマッチングサイトも複数あります。

第三は、他人に「貸す」ことです。これも賃貸専門の仲介会社に依頼したり、自治体が運

誰も住まなくなった実家に対する 5つの選択肢

相続で意見が違ったり
片付けでつまずくとなりがち

現状維持で
先送り

多くの人は
このどちらかに
なりがち

マスコミでも勧められてるけど…

早めに売却

いちばんお勧め！

他人に貸す

リフォームのことで
つまずく人多いが
必要でないことも

民泊や
ゲストハウス
として 活用

派生

自分で使う

田舎を好む
インバウンド需要も

自宅や
別荘として

あとは
よろしく〜

う〜ん…

営する「空き家バンク」に登録したり、民間のマッチングサイトを利用したり方法はいろいろあります。

第四は、賃貸の派生型として民泊やゲストハウスとして利用することです。都市部はもちろん地方においても観光地などでは可能性があります。最近は日本の田舎を好むインバウンド需要が盛り上がっています。

第五に、自分で住んだり、別荘として利用するという手もあります。

●お勧めなのは「家の中を片付けて貸す」こと

これらの選択肢のうち、実際に多いのは第一の「先送り」でしょう。とはいえ、これまで説明してきたようにいろいろリスクがありますし、いずれどこかのタイミングで決断が必要になることは間違いありません。

次に考えるのが第二の「売却」です。マスコミでもこの方向が盛んに勧められています。所有者にとって空き家を手放してしまうことで様々な面倒から解放されるというのは確かに魅力的です。

ただし、立地にもよりますが、昭和の木造戸建てなので売却価格がどれくらいになるか不透明ですし、場合によっては買い手がすぐには見つからないこともありえます。

中には第三の「賃貸」を考える人もいるでしょう。借り手はいるのか、家賃設定はどうするのか、リフォームは必要なのかなど気になる点もありますが、それについては後ほど詳しく説明します。

ただし、**「賃貸」において陥りやすいのがリフォームを前提条件とすること**です。下手をすると、リフォーム費用の見積もりをとって金額の高さに驚いて「先送り」や「売却」に傾くこともあります。

そうではなく、**家の中を片付けてクリーニングし、そのまま貸すことを私はお勧めしています。**

なお、第四と第五の選択肢はレアケースでしょう。特に民泊やゲストハウスは予約受付や清掃などのオペレーションがともない、かなり専門性が求められます。地元の自治体や地域社会との調整も必要で、簡単に始めるというわけにはいきません。自分で住んだり別荘として利用するというのも、可能であればすでにそうしているでしょうし、考えているだけであれば「先送り」と変わりません。

2 パターン別に考える実家再生

●空き家の条件別に考える

ここで、誰も住まなくなった実家を①立地、②物件種別、③所有関係、④残置物の4つの基準でパターン分けし、先ほど挙げた5つの選択肢との関係を整理してみましょう。これによって例えば賃貸と売却のどちらを選ぶか、どこまでリフォームするのか、といった判断がしやすくなります。

4つの条件について補足しておきます。

①立地とは、**どこに実家があるか**ということです。いま自分が生活している場所からどれくらい遠いか、行くのにどれだけ時間とコストがかかるかということでもあります。

例えば、いま東京に住んでいて誰も住まなくなった実家が首都圏近郊にある場合、車で1〜2時間もあれば行き来することは可能です。そういう場合は毎月1回程度、週末に建物を見に行って維持管理することは可能でしょう。売ったり貸したりするだけでなく、別荘として使うこともできます。

逆に、自分が東京に住んでいて実家が北海道や九州、沖縄にあるとなると、そう簡単に行き来するわけにはいきません。自分で維持管理するハードルは高く、売るか貸すか何らかの手を打つ必要性は高くなります。

②物件種別とは、**戸建てかマンションか**ということです。

この本で想定しているのは戸建てですが、誰も住まなくなった実家の中には分譲マンションというケースもあるでしょう。

分譲マンションは室内（専有部分）は別として、エントランスや廊下など共用部分は管理組合が管理しており、比較的きれいに保たれているはずです。貸したり売ったりするのは木造戸建てより容易でしょう。また、分譲マンションでは毎月、管理費や修繕積立金を払わなければならず、所有しているだけでかなりコストがかかります。通常、戸建てほどは無関心にほったらかしということにはならないと思います。

③所有関係とは、**誰も住まなくなった実家の土地・建物の所有権がどうなっているか**ということです。具体的には、自分一人が所有権を持っているのか、それとも兄弟姉妹やその他親族との共有になっているかです。

共有になっていると、実家の扱いを決める際に法律上の問題が出てきます。民法上、共有については細かい規定があります。基本的には相続の際に、相続人のうち誰か一人が誰も住

図表17　誰も住まなくなった実家の条件と取扱い

		先送り	売却	一般賃貸	民泊等	自己利用
立地	都市部	×	○	○	○	○
	都市近郊	×	△	○	△	△
	地方都市	×	△	○	△	△
	田舎	×	△	△	△	△
	自宅から近い	×	△	△	△	○
	観光地	×	△	○	○	△
物件種別	戸建て	×	△	◎	○	○
	マンション	×	○	△	×	△
所有関係	単独所有	×	△	○	○	○
	共有	×	×	△	△	△
残置物	あり	△	○	×	×	△
	あるが少ない	×	△	△	△	△
	ほとんどない	×	○	○	○	○

まなくなった実家の所有権を持つようにするほうが対応しやすいといえます。

④残置物とは、**建物の中に置いてある遺品や家財**です。これが多いと売るにしても貸すにしてもハードルが高くなります。ほとんどないほうが望ましいのですが、なかなかそうはいかないでしょう。

残置物についてはもう一つ、廃棄物として処分するのか、それとも売れるものは売るよう手配するかというのも重要なポイントです。これについては第5章で詳しく取り上げます。

●「売る」か「貸す」かは、地元の不動産会社の意見も参考に

誰も住まなくなった実家をどうするかでよく問題になるのは、**「売る」のか「貸す」のかという判断**です。

これは**地元の不動産会社に聞いて確認するのがベスト**です。例えば東京に住んでいる人が自分の知り合いの東京にある不動産会社やその関係者に聞いても、地方の不動産市場のことがわかるわけではありません。必ず、**実家のある地元の不動産会社、それも複数、目安としては最低5社、できれば10社ほどに聞いてみてください。**

そして、**「売るとしたらいくらくらいで売れるか」「貸すとしたら月いくらで貸せるか」**を

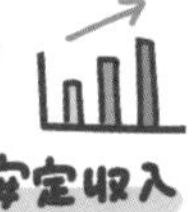

提案してもらいます。具体的な数値を把握することが大切です。

基本的には、**貸すことのできる物件は投資用として売ることもできます**。逆にいうと、立地や建物の状況などから貸せない物件は、売るのも難しいでしょう。

となると、売るか貸すかの分かれ目は、すぐにまとまったキャッシュがほしいかどうかという点に集約できます。**すぐ売ってまとまったキャッシュがほしいというのでなければ、定期借家契約で賃貸に出しておいてタイミングを見て売却するのがいいと**思います。

もう一つの判断材料は、売却可能価格と月額想定賃料のバランスです。

例えば、戸建ての実家をすぐ売るとした

図表18　地元で頼りになる仲介会社を探すポイント

ポイント❶　**自分は地主、物件オーナーであることを明確に伝える**

・不動産業界において地主や物件オーナーはビジネスの起点。仲介会社には「所有している不動産について相談したい」、貸すのであれば「なんなら管理もお任せしたい」と言って、物件の概要を伝える。
・物件オーナーだとわかるだけで対応が違う。

ポイント❷　**仲介会社でもそれぞれ専門が違う**

・不動産業界は売買、賃貸、リフォームなど細分化が進んでおり、問い合わせ先がミスマッチだと話が進まない。
・ネットで検索する際、実家を売却したいのであれば【実家のあるエリアの地名＋売買】、実家を貸したいのであれば【実家のあるエリアの地名＋賃貸】と検索して問い合わせる。

ポイント

最近の取引事例を聞く

・物件種別やエリアによって市場の傾向はそれぞれ違う。
・問い合わせる際、そのエリアではどんな買い手／借り手が多いのか、どんな物件が、どんな価格設定、どんな取引条件で成約したのかを聞いてみる。

ら1000万円、貸すとしたら月額8万円といわれたケースを考えてみましょう。

貸した場合は単純計算で年間96万円になり、5年で480万円、10年で960万円になります。固定資産税等や修繕費等などの経費を差し引いても900万円ほどは手元に残るでしょう。年間で96万円を定期的に得るか、一括で1000万円を現金化するかの判断です。

こう聞くと、一般的には「しばらく貸しておいて、そのうちタイミングを見て売ればいいのでは」と思う人が多いのではないでしょうか。

●売却と賃貸ではターゲットの層が違う

以上はあくまでシミュレーション上の話ですが、決して根拠のないものではありません。ポイントは、**売る場合と貸す場合では想定される相手（買い手や借り手）の人数や経済力にかなり違いがある**ということです。

地方になればなるほど、いくら安いといっても1000万円という資金（ローンを含めて）を用意できる人は限られます。一方、毎月8万円で戸建てが借りられるとなれば、かなり多くの人がターゲットになります。だからまずは貸せばいいのです。

また、「貸す」場合もずっと貸し続ける必要はありません。例えば、実家を借りて住んでくれている人に売るという方法があります。ある程度、長く住んで気に入ってくれている場合、わざわざ引っ越すのも面倒なのでローンを組んで買ってくれたりするのです。

さらにいえば、実家のあるエリアの周辺で再開発などがあれば通常、周辺の地価も上昇するのでそういうタイミングを待てるというのも賃貸に出すメリットです。

地方の空き家といえばなんでもかんでも「すぐ売ればいい」というわけではないことは覚えておいてください。

●貸せる物件、貸せない物件の分かれ目

私は**誰も住まなくなった実家は、「貸す」ことを優先するべき**だと考えています。とはいえ、どんな家でも貸せるかというとそうではありません。

まず、**屋根や壁から雨漏りがしたり、柱や梁が傷んでいて倒壊リスクがあったり、過去に繰り返し浸水被害にあっているような物件は「貸せない」物件です。**なぜなら、入居者の生命や家財に被害が及ぶ可能性が高いからです。

もう一つは、**電気・ガス・水道などが使えない物件**です。こうした物件は一時的な滞在は可能であっても、生活の拠点として使うことはできません。

ただし、誰も住まなくなった実家についていえば、もともとそれができていたはずなので、比較的簡単に直せるとは思います。わざわざ新たに水道やガスを引くというレベルの話ではないでしょう。

このように入居者の生命や財産に危険がある家、生活インフラが使えない物件でなければ、基本的に貸せます。どんな地方でも「借りたい」と思う人はいるはずです。

さらに、**貸せるか貸せないかの分かれ目としては「借り手がいるかどうか」**ということです。「貸せるかどうか」と「借り手がいるかどうか」というのは同じことのように聞こえますが、自分の判断基準と借り手の判断基準は同じではないという点が重要です。

自分の感覚、自分の目線で「こんな家は貸せない」と考えてしまっている人が少なくありません。そういう人ほど「絶対貸せないからすぐ売っちゃいたい」「ただでもあげたい」とおっしゃいます。

その心の奥にあるのは、**「自分は住みたくない」という無意識**です。人によって住居選びの判断基準は驚くほど違います。山奥の古びた民家であったり、離島の小屋のような家であっても住みたい、使いたいと思う人はいます。そのことを私は自分の実家のケースやコンサルティングの経験から断言できます。

第３章のまとめ

1. 誰も住まなくなった実家は、早く建物を取り壊して土地を売却するのがいいという話が広まっているが、そこには誤解とミスリードがある。

2. 古くなった実家を貸すためリフォームを検討したものの、工事費の見積もりが高くて諦めたという話も聞くが、必要最低限の整理とハウスクリーニングだけして貸し出すという方法がある。

3. 誰も住まなくなった実家の扱いにはいくつか選択肢がある。一番多いのはそのままの「先送り」。最近は「売却」が盛んに勧められているが疑問。「賃貸」はリフォームを前提とするとハードルが高い。「民泊やゲストハウス」などとして使う、自宅や別荘として「自分で使う」ことも考えられるが立地などの点で限られる。

4. 地元の不動産会社に「いくらで売れるか、貸せるか」を聞いてみる。売却と賃貸ではターゲットの層が違い、具体的な数字を把握すると「しばらく貸しておいて、そのうちタイミングを見て売ればいいのでは」となるケースが少なくない。

5. 「貸せるかどうか」は自分の判断、「借り手がいるかどうか」は借り手の判断であり、それぞれ基準は同じではないことをよく理解しておく。

6. ただし、屋根や壁から雨漏りがしたり、柱や梁が傷んでいて倒壊リスクがあったり、過去に繰り返し浸水被害にあっているような物件、あるいは電気・ガス・水道などが使えない物件はそもそも「貸せない」可能性が高い。

第 4 章

なぜ「そのまま貸す」ことが、お勧めなのか？

1 誰も住まなくなった実家の再生を難しくとらえない

●社会的な意味での再生が大事

私が提唱しているのが**「誰も住まなくなった実家の再生」**です。

まず「実家の再生」ということですが、これは誰も住まなくなった実家、それも多くは昭和の木造戸建てを新築当時の状態に戻すとか、ましてや現在の最先端の建材や住宅設備に入れ替えるといったことではありません。

私が考える「再生」とは、**誰も住まなくなった実家が再び住まいとして地域社会で役に立つようにすること**です。

どんなに立派な住まいでもそこに人が住み、生活を営むことではじめて存在意義が生まれます。昭和の木造戸建てであろうと豪華な宮殿だろうと、誰も住まない建物は社会における存在意義が希薄である点ではそう変わりません。

言い方を変えれば、物理的な意味での実家再生ではなく（一部は含みますが）、**社会的な**

意味での実家再生こそが大事だと私は考えています。

●リフォームにこだわらない

もちろん、そうはいっても誰も住まなくなった実家には多くの場合、遺品や家財などのものが溢れています。実家を再生するためには、それらをきれいに片付けることが大前提となります。

ただし、**片付けることにそれほど費用をかける必要はありません。**中をきれいに片付けたらなるべく〝そのまま〟貸し出します。

例外的に、**屋根が傷んで雨漏りしていたり、土台や柱の一部がシロアリの被害を受けているような場合は補修する必要があります。**

そうした生活拠点として最低限の条件をクリアしたら、あとは**過度なリフォームにはこだわらないことが大事**です。多くの人は「あんな田舎の家、そのままでは借りる人なんていない」と思い込んでいます。繰り返しになりますが、それは都会でずっと生活してきた自分が「もし住むとしたら」という前提での発想です。

●建物の耐震性について

とはいえ、誰も住まなくなった実家、昭和の木造戸建てには一つ注意点があります。それは**耐震性をどう考えるか**ということですが、まずは現状の耐震基準を知っておきましょう。

現在、建物を新たに建てる際には建築基準法で定められた耐震性をクリアすることが求められます。**現在の耐震基準は1981年6月1日以降の建築確認申請から適用されており、「新耐震基準」と呼ばれています。**一方、それ以前の耐震基準は**「旧耐震基準」**と呼ばれます。

大まかにいえば、新耐震基準と旧耐震基準では、**「想定する地震の程度」とそれに対して「建物が確保すべき耐震力」の2つの点で違い**があります。

想定する地震の程度として、**「旧耐震基準」では10年に一度発生するような震度5程度の中規模な地震を前提**としています。それに対して**「新耐震基準」では、震度5程度までの地震だけでなく、それを超えた数十年に一度起こるような震度6から7程度の大規模な地震についても想定**し、いわば2段階の構えになっています。

また、建物が保持すべき耐震力について、「旧耐震基準」では震度5程度の地震に対して建物が倒壊しないことを求めています。それに対して「新耐震基準」では震度5程度の地震に対しては構造部材が損傷しないこと（第一段階）、また震度6から7程度の地震に対しては構造部材に一定の損傷はあっても建物が倒壊しないこと（第二段階）を求めています。

以上が大まかな耐震基準の枠組みです。そして、阪神・淡路大震災や東日本大震災において「新耐震基準」の建物は「旧耐震基準」の建物に比べて被害が少なかったことが報告されています。

とはいえ、建物の耐震性は設計基準だけで決まるわけではなく、建物が建つ場所の地盤、建物の構造や形状、施工レベル、建築後のメンテナンスなどによって変わってきます。いまなお世の中には「旧耐震基準」で建てられたマンションや戸建て、ビルがたくさん存在し、多くの人が生活したり、働いたりしています。

また、「旧耐震基準」の建物は現在の「新耐震基準」には合致しませんが、専門的には「既存不適格」と呼ばれ、建築した当時に適法であったものの、その後、法律などが変わったために現状では適法ではないけれど、そのまま使い続けている限りは問題ないとされています。

●昭和の木造戸建てをどう考えるか

それでは昭和に建てられた木造戸建てについてはどう考えればいいのでしょうか。

まず、建築基準法など建築系の法規制ではいま述べたように「既存不適格」ではありますが、そのまま使い続けていれば問題ありません。

もう一つは、そのような建物を人に貸して大丈夫なのかということです。この点について、「旧耐震基準」であることはいわゆる事故物件とは異なり、募集広告でも賃貸借契約においても、そのことを表示する義務はありませんし、借りる人も通常、気にしていません。

これに関連して、最近の地裁レベルで次のような判例がありました。旧耐震基準のビルについて借主から耐震補強を大家が求められたもので、賃貸借契約の締結当時の法令に従って建築されていれば現在の要求される耐震性能を有している必要はなく（既存不適格建築物）、また建物の建築年次は登記情報等により誰でも確認可能であって当該建物がどのような耐震基準を満たしているのかは借主側でも確認可能であったこと、契約締結時に建物の耐震性能が特に問題とされた事情はうかがえないことから、大家に修繕義務はないとしました。

また万が一、阪神・淡路大震災や東日本大震災クラスの大地震が起き、旧耐震基準の建物に住んでいた人に被害が生じた場合はどうでしょうか。

これについては、阪神・淡路大震災で倒壊した3階建てマンションについて、亡くなった入居者の遺族に損害賠償を認めた地裁の判例があります。ただ、このケースは前提として当該マンションが、建築当時から建物の壁量が足りないほか、柱や梁の緊結が不十分など当時の法令が要求していた耐震性を大幅に下回っていたことを理由に挙げています。

こうしたことから、**昭和の木造戸建てについても建築当時の法令の基準をクリアしていること、その後もきちんと建物の維持管理を行っていることが大前提になります。**

その上で、貸すにあたっては仲介会社などと相談しながら進めていけばよいと思います。また、慎重を期すのであれば、国や自治体による補助制度を利用して耐震診断や耐震補強を行うという選択もあるでしょう。

ただ、現実的には旧耐震基準のマンションや戸建てはまだ数多くあり、所有・賃貸を問わずそこに住んでいる人がいます。大きな地震では地盤の隆起や液状化が発生し、そうなると新耐震基準の建物であっても被害を免れません。天変地異も含めてあらゆるリスクを避けたいというのであれば、**貸すのをやめるというのも一つの判断**だと思います。

2 「そのまま借りたい」人はたくさんいる

●需要と供給のミスマッチ

私が提唱している「**誰も住まなくなった実家の再生**」では、**昭和の木造戸建てをきれいに片付け、そのまま貸すということを基本**とします。

ところがこれまでこうしたやり方は、所有者はもちろん不動産業界でもほとんど知られていませんでした。

理由の一つは、都市部でも地方でも空き家の戸建てがたくさんあるのを見て「借りる人がいないから空き家になっているんだ」と思い込んでいることではないでしょうか。

しかし、実際は逆です。**戸建ての賃貸住宅を借りたい人はたくさんいるのに、屋内に遺品や家財が大量に置いてあり、貸そうにも貸せない**のです。あるいは、**所有者が貸せないと思い込んで手をつけていないだけ**なのです。そうしたケースが大部分ではないかと私は見ています。

ある意味、賃貸住宅市場において戸建て賃貸物件の需要と供給とがマッチしていないのであり、しかもそのことに多くの人が気づいていないのです。

●日本の賃貸市場で戸建ては希少

日本の賃貸市場ではアパートや賃貸マンションといった集合住宅が大部分を占めています。戸建ての賃貸物件は都市部でも地方でもほとんど見かけません。

なぜ戸建ての賃貸物件が少ないのかというと、そこには構造的な理由がいくつかあります。

第一に、**貸家経営をしようと思っている投資家からすると、戸建てはそもそも投資効率が悪い**のです。一つの土地に戸建てを一棟建てて貸せるのは一人（一家族）だけです。アパートやマンションなら同じ敷地に何室もある建物が建てられ、一室当たりの家賃は少なくても全体として見れば収入は大きくなります。

また、複数の部屋があれば一度に全部、空室になる可能性は低く、空室リスクが分散されます。それに比べると戸建ては入居者が退去すると家賃収入はゼロになってしまいます。

第二に、**マイホームとして戸建てを建てた人は基本的に第三者に貸したがりません。**なぜなら、住宅の賃貸借には借地借家法という法律が適用され、借りるほうの権利がかなり強く守られているからです（現在は定期借家という選択肢もあります）。

簡単にいうと、賃貸借契約が2年だったとしても、貸主（大家）の側にその家を必要とする相当の理由がないと契約更新を拒むことができません。一度貸すと、借りたほうが退去すると言わない限り、貸した家は戻ってこないのです。

さらに第三の理由として、管理会社からは戸建ては戸数の多いアパート一棟、マンション一棟と比べて手間の割に儲けが少ないとみなされていて、戸建てオーナーに貸し出しを勧めてこなかったことも挙げられます。

●集合住宅から戸建てへ移りたいという人は多い

一方、借りる側の事情はどうでしょうか。賃貸住宅に住もうと考える人の多くは、まずはアパートや賃貸マンションを探します。戸建てより物件数が圧倒的に多く、立地にしろ広さや間取りにしろ、賃料にしろ選択肢が多いからです。特に単身者にとっては、多少狭くても便利な立地で家賃がそこそこ手頃なアパートや賃貸マンションは魅力的です。

しかし、アパートや賃貸マンションのような集合住宅では一つの建物（棟）に複数の住戸があり、それぞれ床や天井、壁で上下左右と接しています。そのため騒音の問題が起こりやすく、またゴミ出しやペット、洗濯物の干し方などいろいろルールがあります。さらに、新築になるとどうしても狭かったり、駅から遠かったり、賃料も割高です。

こうしたことから、**アパートや賃貸マンションといった集合住宅にある程度、長く住んでいる人の中には、例えば子どもが生まれたり、ペットを飼おうと思ったりしたタイミングで戸建ての賃貸物件があれば移りたいというニーズがあります。**

戸建てなら基本的に家族だけが住んでいるので上下階や隣の部屋との間で騒音の問題はほとんどありません。ペットを飼うことも大家が認めれば問題ありません。

多少、築年数が古く設備が最新式でないとしても、戸建てにはそうした魅力があります。昭和の木造戸建てであっても潜在的な借り手はかなりいるということです。

ちなみに岡山市内にある私の実家も昭和の木造戸建てです。築70年以上経ちますが、家の中をきれいに片付けて賃貸募集したら3週間ほどでちゃんと借り手がつきました。いまは月額8万円で貸しています。

●最新の設備は必要ない

なお、昭和の木造戸建てについては、**「内装や設備が古くさくて敬遠されるのではないか」**という質問を受けることがあります。

そういう人ほど、壁のクロスや床のフローリングを張り替えるのはもちろん、台所にはシステムキッチン、トイレには温水洗浄便座、お風呂には追いだき機能などがないと、まともな賃料では貸せないと思っていたりします。

確かに、業界紙などでは「入居者に人気の設備」といったランキングが発表されており、「こういった設備がないと、まともな賃料はとれないのではないか」と考えるのもわかりますが、決してそんなことはありません。

賃貸住宅を借りる人は、様々な条件のバランスで物件を選びます。様

図表19　入居者に人気の設備（絶対条件となる設備TOP10）

	単身者向け	ファミリー向け
1位	エアコン	エアコン
2位	テレビモニター付きインターホン	室内洗濯機置き場
3位	室内洗濯機置き場	テレビモニター付きインターホン
4位	インターネット無料	独立洗面台
5位	温水洗浄便座	追いだき機能
6位	独立洗面台	温水洗浄便座
7位	宅配ボックス	インターネット無料
8位	エントランスのオートロック	システムキッチン
9位	備え付け照明	エントランスのオートロック
10位	高速インターネット（1Gbps以上）	ガスコンロ（2口／3口）

※「入居者に人気の設備ランキング2023」（賃貸住宅新聞）より

々な条件の中で最優先は賃料です。「このくらいの家賃で」というのが真っ先にきて、**その次に立地（沿線や駅からの距離）、広さ、間取り、築年数、内装、設備などとのバランスを検討**します。

内装や設備はあくまで検討条件の一つであり、優先順位も賃料はもちろん、立地や広さに比べると後になります。極端な話、**「広さや間取りが同じで家賃が他より2万円安ければ、内装や設備にはこだわらない」という入居者はいくらでもいます。**

もちろん、水道やガス、電気などが通っていて、普通の生活が送れる状態であることは最低限必要ですが、そもそもローンのない実家を貸し出す際、家賃を低めに設定すれば入居者獲得には非常に有利です。

●都市部と比べて賃料もそれほど低くはない

もう一つ、よく聞かれるのは**「地方ではそれほど賃料はとれないでしょう」**ということです。

確かに、都市部と地方では賃料の相場に開きがあります。とはいえ、**賃貸市場の面白いところは、売買市場に比べるとエリアによる金額の差が小さい**ことです。

売買市場において、例えば東京都心部では最近、中古マンションの平均取引価格が1億円を超えて話題になっています。一方、地方であれば中古マンションは1000万円以下で買えたりします。

これに対し、**賃貸住宅の家賃については、広さや間取りがほぼ同じであれば都市部と地方での相場の開きはせいぜい3〜4倍**といったところではないでしょうか。どんな田舎でも戸建てを借りるとなれば4〜5万円程度はするはずです。1万円とか2万円といったレベルにまで下がっていることはまずないと思います。

3 「そのまま貸す」から低リスク高リターンになる

●未来につながる宝の山

誰も住まなくなった実家をきちんと片付けそのまま貸す**最大のメリットは、元手がほとんどかからないこと**です。とっくの昔にローンは完済しており、親が暮らしていたとき台所や浴室のリフォームも済ませていることが多く、大々的なリフォームをしないのですから当然です。

それでいて**毎月最低でも4～5万円くらいから、場合によっては10万円程度の賃料が入ってきます。**大儲けというわけにはいきませんが、ちょっとしたお小遣いに、老親の介護費用にあるいは年金の足しとしては十分ではないでしょうか。

さらにいうと、**潜在的な需要がある戸建て賃貸なので、一回入居者が入るとなかなか空くことがなく、入退去に伴う費用がアパートやマンションに比べて少ないのです。**もともと物件価格も十分下がりきっていて、そこからさらに下がるわけでもありません。結果的に、リ

空き家となった実家…
『そのまま借りたい』
という人は、
実はたくさんいるんです!!

戸建ての需要は高い

「空き家の戸建ては借りる人がいないから空いている」は、完全なる思い込み!

貸せないor貸していないが、ほとんど

賃貸で戸建ては希少

＼東京23区だと何と17.9倍!!／

マンション・アパート（1LDK以上）106,941

戸建て 5,964

（2024.1.8時点）

投資効率が悪いので貸家経営者（地主）は戸建てよりもマンションやアパートを建てがち

集合住宅と比べての魅力

上下左右の部屋との音の問題

ペットを飼うハードル

細かいルール

ゴミ出しから洗濯物の干し方まで…

最新設備は必要ないことも

借り手は費用とのバランスを見て決める

都市部⟷地方での金額の相場の開き

売買…10倍以上になることも

賃貸…せいぜい3〜4倍

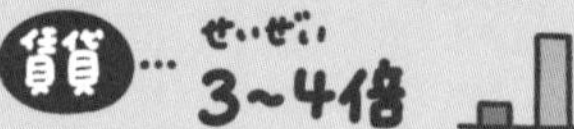

地方では売るより貸すほうがおトクかも?

スクが低くとても効率のよい投資になるのです。

そう考えれば、全国で増えている多くの空き家は「問題」ではなく、所有者にとっては副収入を生み出し、地域社会にとっては戸建ての貸家という生活インフラを提供する「資産」として位置づけることができるようになります。

誰も住まなくなった実家は**「葬り去るべき過去の遺物」ではなく「未来につながる宝の山」**であることがわかるでしょう。

●岡山の実家再生のリターンは150％

私が岡山の実家を賃貸に出したケースでは、不動産投資としてのリターンを計算するとなんと150％になります。

初期投資にかかった金額は64万円で、多くを占めるのが片付け費用の43万円です。その他は、借りてくれた人が畳の表替えを希望した分と仲介会社への手数料などで、すべて合わせて64万円です。一方、**年間の賃料収入は8万円×12か月で96万円**です。ですから計算上、表面利回りとしては**96万円÷64万円＝150％**となります。厳密にいえば、実家の維持管理に要した過去からのコストを入れて利回りを計算すべきですが、過去の費用はその時々の生活費。今回の貸し出しに伴う費用は64万円で収まっています。

ちなみに、この家はもともと昭和23年に大工だった祖父が3万8000円で買って、建物を自分で建て、昭和47年に150万円ほどかけて2階を増築したという記録が、父の日記に残されていました。

不動産投資の世界では、初期投資（物件の購入代金や諸費用）に対する賃料収入の割合が10%もあれば超お得とされます。賃料収入からさらにローンの金利分や固定資産税等を差し引いた正味の手残りを基準にすれば5～6%でも十分成功といえるでしょう。

それが、誰も住まなくなった実家をきちんと片付けそのまま貸せば数十%どころか100%を超えることも珍しくありません。

繰り返しになりますが、昭和の木造戸建てにローンなど残っていません。相続した場合、他の資産（預貯金や株式など）にもよりますが、昭和の木造戸建てだけなら相続税はかからず原価はほぼゼロです（相続登記の費用などは除きます）。

そして、親がずっと住んでいたのであれば電気、ガス、水道はそのまま使えるケースが多いでしょう。最低限、家の中を整理し、雨漏りしていたりシロアリの被害があればそれを補修すれば、賃貸住宅としての市場価値は十分にあります。

第4章のまとめ

1. 筆者が提唱している「実家の再生」とは、誰も住まなくなった実家を再び住まいとして地域社会で役に立つようにすることであり、新築当時の状態に戻すとか、現在の最先端の建材や住宅設備に入れ替えるということではない。

2. 実家に溢れている遺品や家財などをきれいに片付けることが大前提。きれいに片付けたら〝そのまま〟貸し出せばよい。

3. 建物の耐震性については、建てられた時期によって「旧耐震基準」と「新耐震基準」の違いがある。昭和の木造戸建てについて耐震性が心配な人は耐震診断を行ったり、場合によっては耐震補強を行うという判断もあり。

仲介会社に〝そのまま〟貸し出すことについて意見を求め、判断材料にするのもよい。

4. 賃貸市場では戸建ては希少であり、アパートや賃貸マンションから戸建て賃貸に移りたいというニーズは都市部でも地方でも非常に多い。

5. 賃貸住宅を借りる人は何より賃料を重視する。内装や設備については賃料とのバランスで判断するため、最新のものが備わっている必要はない。

6. 誰も住まなくなった実家は、中をきれいに片付けて〝そのまま〟貸せば、元手がほとんどかからずそこそこの賃料が入ってくる。所有者にとっては副収入を生み出し、地域社会にとっては戸建て賃貸という生活インフラを提供する「資産」として位置づけられ、まさに「未来につながる宝の山」といえる。

第 5 章

最初の一歩は費用をかけずに片付けることから

1 意外に重要な気持ちの問題

●実家の片付けにはコツがある

誰も住まなくなった実家の再生は、実家をきれいに片付けるところから始まります。貸すだけでなく、売るにしろ建物を取り壊すにしろ、いずれにしろ室内の片付けは必要です。ところが多くの場合、実家には遺品や家財などが置いてあります。それらを何も確認しないまま十把一絡げに処分してしまうのはさすがに心理的な抵抗があるでしょう。「えいやッ」とすべて捨てられるなら問題はありませんが、どうやって片付けたらいいのかわからず、とりあえず少し手をつけてみて諦めてしまう人が少なくありません。

本章では私が自分自身で岡山の実家を片付けてみたり、知人にアドバイスしたりする中で見つけたやり方を説明していきます。

●気持ちの整理をつけるのが先決

実家の片付けは、**亡くなった親はもちろん、建物や土地に対する追憶の念や名残惜しさが強いうちは手をつけないほうがいい**と思います。「そろそろ整理したらどう?」などと周りからせかされても、自分が「片付けよう」と思えるようになるまでは待つことをお勧めします。ただ、いまの話と矛盾するように聞こえるかもしれませんが、**実家の片付けというのは家の中の家財を整理するだけでなく、そこで家族と暮らした思い出を整理するということ**です。大事なことは、**「過去の温かい思い出の数々」ともう一度向き合い、感謝することで自分の気持ちに区切りをつける**ことです。

実家を離れてすでに数十年という人も少なくないでしょう。生まれてから(あるいは引っ越してきてから)実家を離れるまでの思い出とともに、「昭和の戸建て」があなたを待っています。だからこそ実家の片付けでは、自分の気持ちがとても大事なのです。

ほとんどの遺品や家財は捨てるしかありません。ただ、どれを捨て、どれを残すかの判断に一定の時間がかかります。現金や預金通帳、株券などはもちろん残せばいいのですが、そのほかの線引きが難しいのです。最低限残すものは何か、選びきれないので苦しんだり、悩んだり、そして諦めてしまうのです。

そこで大事なのは、**片付ける前に「片付けない時間」を持つこと**です。実家を片付けるために1週間帰省するとしたら、最初の2~3日はタンスや押し入れ、納戸、倉庫などにしまってある遺品を一つひとつ取り出し、箱を開け、アルバムをめくり、目を通す時間に当てます。「こんなものが残っているのか」「これはあのときの写真だな」といったふうに確認し、一つひとつに感謝とお別れを伝えます。そういう**個人的な儀式の時間を持つと、気持ちが次第に落ち着いてくるのを感じるはず**です。

必要な時間は人によると思いますが、1日ではやはり短いでしょう。経験的には3日くらいがちょうどよいのではないかと思います。

●私が経験した岡山の実家のケース

私の場合、もともと両親が住んでいた岡山市内の実家はしばらく空き家の状況が続き、コロナ禍になるとまったく帰れず、家財道具はそのまま放置状態でした。2022年の秋からようやく重い腰を上げて片付けに帰るようになりました。

まず、**遺品や家財を見るだけのために1泊2日で3回、帰省**しました。最初は妻と娘も一緒に来たのですが、半日もしないうちに飽きてしまったので、2回目からは私一人で行きました。

整理を始めると、本当にいろいろなものが出てきました。両親の結納の式次第、自分が生まれたときの臍の緒、おばあちゃんがくれたおもちゃ、同級生からもらった手紙など、忘れてしまっていた過去が真空パックされていたかのように瞬時に蘇ります。

祖父の大工道具も出てきました。祖父は大工で、実家は祖父が自分で建てたものです。最初は平屋でしたが、2階を増築したのも祖父です。建物はいまでもすごくしっかりしており、祖父の大工道具はそういう我が家の歴史の象徴です。

それらを手に取って見ると、**家族の歴史をリアルに感じることができ、また自分が家族から愛されて育ったことをしみじみ再確認**できました。

そういうものをできれば**誰かに使ってもらったり、寄付するのもいい**と思います。私も親戚に声をかけました。ただ、引き取ってくれるケースはまれで、実際はほとんどのものを捨てるしかないのが現実です。

●自分のルーツを振り返る

私が普段暮らしている東京から西に700㎞離れた実家には自分が生まれ育った空間があり、そこを**片付けるというのは自分のルーツを確認し、区切りをつけること**なのだと思いました。

確かに多くのものは捨てざるをえませんが、**片付けを通して家族の歴史や自分の過去、特に幼少期から実家を巣立った多感な頃までの記憶を振り返ることは、人生の後半に差しかかった自分の心にもう一度、エネルギーをチャージすること**につながりました。

私が**遺品の中で残すことにしたのはまず家族の写真**です。おじいちゃんが大正14年に出征したときの写真から全部残して、岡山市内に所有しているマンションに移しました。

我が家で「権利書」と呼ばれていた昭和24年におじいちゃんが実家の土地を手に入れたときの媒介契約書も残しました。

そのほか、**小学校のときの通信簿など自分のルーツに関わるもの**も残しました。開いてみると「落ち着きがない」とか「最近は先生の話をちゃんと聞けるようになりました」などと書いてありました。

誰も住まなくなった実家のコンサルティングを行う中で多くの人が**「捨てられない」とおっしゃるのはピアノ**です。中には「どこか倉庫を借りようかな」という話も出ます。我が家にはピアノはありませんでしたが、ギターが残っていました。中学生の頃、さだまさしの「関白宣言」を弾いていたなとか、松山千春も弾いたことがあるなとか思い出しました。これも残すことにしました。

父親から「これはぜひ使ってくれ」と言われていたのは食堂のダイニングテーブルです。

どこかの木工屋さんに作ってもらった立派なものですが、使い道がないので捨てざるをえませんでした。

●仏壇と位牌の扱いについて

実家の片付けにおける心の問題として、意外に大きいのが仏壇と位牌の扱いです。遺品や家財とは少し違いますが、やはり右から左へと処分するわけにはいきません。

私の場合、**岡山の実家にあった仏壇はとりあえず倉庫に預けておくとともに、位牌は東京の自宅マンションに持ってきて自分の書斎に置き、毎日線香をあげています。**

これらを移す際は岡山の実家の菩提寺の住職に相談して、アドバイスをもらいました。

仏壇や位牌は先祖の霊の依り代であったり崇拝や供養の対象です。それらを移したり、処分したり、新しく調達する際にそれなりの扱いをするのは当然のことで、具体的には**僧侶に来てもらっていわゆる「魂抜き（閉眼供養）」や「魂入れ（開眼供養）」を行うのがよい**とされます。

私としては将来、普段生活している東京のマンションに小さな仏壇を購入し、そこに入るように位牌も一回り小さいサイズにするつもりです。その際にはまた僧侶を招いて「魂入れ」

を行う予定です。

●お墓はどうする?

仏壇と位牌とともに、**地方の実家ではお墓の扱いも気になるところ**です。自分の代まではそのまま置いておくのでもいいのですが、子どもの代になったとき果たしてそのまま維持できるかどうかは気になるところです。

仏壇と位牌を移す際、合わせてお墓の移転を考えるのも自然なことでしょう。こうしたお墓の移転のことを最近は**「墓じまい」**と呼んだりします。

具体的には、元のお墓にあった先祖の遺骨を新たなお墓に移し、元のお墓は撤去します。そして、お墓が立っていた土地は墓地を経営するお寺や団体に返却します。子どもがいない人の場合は、先祖の遺骨を永代供養がセットになった樹木葬や合祀墓に移してしまうケースもあります。

元のお墓から先祖の遺骨を取り出す際や新しいお墓に遺骨を入れる際などには、先ほどと同じように僧侶に来てもらって「魂抜き」や「魂入れ」を行います。

また、注意したいのは**「墓じまい」は法的には「改葬」と呼ばれ、勝手に行うことはでき**

ません。墓地の管理者や役所への届出などの手続きが必要です。

図表20　改葬の手続き（一般的な例）

1．移転先となる新しい墓地を決める。

↓

2．移転先墓地の管理者から「受入証明書」もしくは「永代使用許可書」を発行してもらう。

↓

3．遺骨のある墓地の市区町村の役所から「改葬許可申請書」をもらう。

↓

4．「改葬許可申請書」に必要事項を記入し、遺骨のある墓地の管理者から署名・捺印をもらう。

※寺院墓地から引っ越す場合は菩提寺に離壇を申し入れ、お礼の気持ちをお布施としてお渡しする。

↓

5．署名・捺印を終えた「改葬許可申請書」と移転先の「受入証明書」もしくは「永代使用許可書」を遺骨のある墓地の市区町村の役所に提出し、「改葬許可証」を交付してもらう。

↓

6．遺骨のある墓地に「改葬許可証」を提示し石材店に遺骨を取り出してもらう。

※遺骨のあった墓地は更地に戻して管理者に返還する。

↓

7．移転先の墓地に「改葬許可証」を提出し、納骨する。

実家再生の事例紹介 2

空き家になっている親の実家再生は子世代がリードしたほうがうまくいく

次にご紹介するのは大手企業を早々とリタイアし、アスリート陶芸家として活躍する山田翔太さんです。お話を聞いたときも、南仏のエクス・アン・プロバンスで陶芸作品展とお茶会を開いて帰国されたばかりのタイミングでした。

山田さんは私より20歳ほど若く、お母さんもご健在です。ただ、お母さんは現在、東京にお住まいで、所有されている地方の実家（戸建て）は10年ほど前から空き家になっていました。

「実家は母方の祖父が建てた家で、近くの親戚に頼んで時々窓を開けてもらったりしてきました。壊して更地にしたらどうかという話もありましたが、母としてはそのままがいいだろうという判断だったようです。

私としてもいずれ相続することになるだろうという意識はありましたが、自分の仕事や生活もあってほとんど気にしていませんでした」（山田さん）

山田さんとはフェイスブックがきっかけで知り合い、私から空き家の再生法をお伝えしたところ、最初は半信半疑だったようですが、理屈がわかってからの行動は迅速でした。

「何度か話を聞いているうち『我が家でもできるかも』とピンときました。これまでやり方がわからないから誰もやってこなかっただけで、いくつかのポイントを押さえれば誰でもできるブルーオーシャンだと感じたのです。

すぐ母に話をし、親戚にも確認してGOとなりました。**賃貸に出すため、2週間前には仏壇の閉眼供養を行い、位牌や家系図などは菩提寺に預かってもらっています。**

これから家の中の整理をするため、遺品整理業者の見積もりを待っているところです。

賃料については地元の不動産会社2社に相談し、7・5万円くらいと言われていますが、市内でも便利な立地なのでできれば10万円くらいで貸せないかと考えています。ネックは駐車場がないこと。近くで借りて用意するかどうか検討中です」（山田さん）

山田さん自身は東京生まれの東京育ち。ご両親とも地方に実家があるもののほとんど意識したことはなかったそうです。

今回、実家に残っている遺品や家財道具を確認するため2日間ほど帰ったことも意識が変わるきっかけになりました。

「本当にいろいろなものが出てきました。90年前に祖父が専売公社（現ＪＴ）に勤め始めたときから定年退職したときまでの記録や、何十年も前の祖父母の写真もたくさん出てきました。そういうものを手に取るうち、幼い頃毎年、家族でこの家に帰ってきていた記憶も蘇ってきました。

とても良い時間を過ごせたとともに、こういう機会でもない限り、家族一同誰も気づかないままだったかもしれないと痛感しました。**遺品を全部確認したから発見できたものも多く、残したいものは近くにある父の家へ運ぶ予定**です。

実家の整理はただ空き家になった家を貸すためだけではありません。**家の中を整理することで、一族の過去を確認し、振り返ることができました。**ある意味、**心の浄化作業であり、精神的な部分が意外に大きいこと**を痛感しました」（山田さん）

私もそうでしたが、山田さんも普段は東京で良き社会人、良き父、良き友人として生活していますが、実家の整理を通してもう一度、過去から自分の人生を振り返るきっかけになったのです。

「来月、もう一度遺品の確認に行く予定です。特に、書籍をどうするか決めたいと思っています。おそらく処分しても二束三文でしょう。地元の図書館に寄贈できたらいいなと思っています」（山田さん）

山田さんの場合、ご自分がお母さんの実家を整理して貸すという覚悟を決めたことが大きかったと思います。整理の仕方や借り手の募集などの手続きは二の次のことです。関係者のうちの誰かが覚悟を決めなければ何も始まりません。

「実家は母親名義なので、本来は子である自分が勝手に決めるわけにはいきません。実際、母は最初『いまさらそんなことしなくてもいい』と少し渋っていました。そこを『面倒なことは全部自分がやるから』ということで説得したのです。実家を貸したとして、賃料が自分に入るわけではありませんが、親孝行のためと思って動いています。もちろん、いずれは私が相続することになると考えれば、自分のためでもあります」（山田さん）

世代的な感覚として、60代以上の親世代には「もういいよ」という感じがある一方、「なんとかできるならなんとかしよう」と動けるのは子世代です。

誰も住まなくなった田舎の実家に誰が目を向けるのかといえば、**行動力、情報収集力、金銭感覚などに優れた若い世代**が有力な候補であることは間違いありません。

2 片付け業者の賢い選定法

●遺品整理業者が有力な選択肢

遺品に別れを告げたら、いよいよ片付けに着手します。これは自分で行うのはまず無理であり、専門の業者に頼むのが一般的です。遠い地方の実家であればなおさらです。

ここでのポイントは、どの業者を選ぶかということです。一般的には**解体業者や産廃業者を想定すると思いますが、私がお勧めするのは遺品整理業者、それも遺品や家財のうち売れるものは買い取ってくれる業者です。**

私も実家の遺品や家財を処分するため地元の業者にいろいろ当たりました。すると、産廃業者からはだいたい250万円ほどかかると言われたのです。実家の中に残された遺品や家財は基本的にゴミであり、それをすべて運び出して処理場に運ぶとそれくらいかかるということでした。

正直なところ「実家の片付けに250万円もかかるのか……」と心が挫けそうになったのを覚えています。

図表21　地元で誠実な片付け業者を探すポイント

ポイント❶　効率的な事前リサーチ

・ネットで【実家のあるエリアの地名＋片付け＋戸建てorマンション】と入力して検索する。
・検索結果で表示された片付け業者について口コミを全部、徹底的に読み込む。
・また、保有資格（古物商許可証、建設業資格など）の有無を確認する。古物商許可証があれば遺品の買い取りが可能。建設業資格があれば必要なリフォームを一緒に頼める。

ポイント❷　5社ほどに絞り込み電話で問い合わせ

・電話では丁寧な姿勢で現地調査と見積もりを依頼する。
・現地調査を渋るなど対応の悪い業者ははずし、別の候補を加える。

ポイント❸　現地調査と見積もり確認

・実家に候補の5社に来てもらい、現地を見ながら見積もりをその場で出してもらう（1社30分から1時間程度）。1日で無理なら予備日を準備しておく。
・見積もりについては、項目と金額について説明を求める。また、作業は何人で何日かかるかを確認する。
・作業における破損、盗難、やり残し等の可能性についても質問する。また、それらをカバーする保険に入っているかを聞く。

ポイント❹　金額だけでなく信頼性も考慮して1社に決定

・金額は重要な要素ではあるが、大切な実家の片付けを任せる以上、電話対応や現地調査時の態度、様子を参考に信頼性も考慮する。
・片付け業界は独立系、協会加盟系、フランチャイズ型など乱立状態にあり、時間がかかっても納得できる発注先を見つけることが重要。

そこでさらにいろいろ業者を探してみました。すると遺品整理という業種があることがわかりました。業界団体に問い合わせて岡山県内の数社を紹介してもらい、見積もりを依頼したところ、「40万円くらいで大丈夫だろう」という会社があり、ビックリしました。

●買い取って転売するから安くなる

なぜそんなに安くできるのか。

その業者の説明によると、**家の中を片付けながら売却できそうなものは買い取って転売するそうで、その分費用から差し引いてくれる**のです。

実際の片付けには3日間かかりました。毎日4人から5人の作業員が来て、朝9時から夕方6時までフル稼働です。そして3台のトラックが入れ代わり立ち代わりやってきて、運び出した遺品や家財は16往復分にもなり、結構な量でした。

そのままゴミ処理場へ運んだものもありましたが、多くは岡山港に運んでいってそこから東南アジアへ輸出するとのことでした。工事責任者は現場でしょっちゅう携帯電話をかけ、「これを買わないか」と確認しながら整理していました。

見ていてわかったのは、**金物は金物、木のものは木のものできちんと分類すること**です。

サイドボードなど家具は高く売れるらしく、母親が履いていたスニーカーも売れました。こうして最終的に私が支払ったのが43万円です。43万円で家の中はきれいに何もない状態で、すぐ貸し出せるくらいになりました。

いまはまだこうした業者の存在があまり知られていないと思いますが、ぜひ探すとよいと思います。

新しい業界で参入企業も急増中 信頼できるかどうかは口コミなどでチェック

私が岡山市内の実家を整理した際にお願いしたのが、同じ岡山県内で遺品整理業を営んでいるA社です。この会社は創業7年目ですが、岡山エリアでは最も早く遺品回収を手がけ始めたところです。

現在は遺品整理のほか終活に関連した生前整理や断捨離のサポートなど年間300件ほどを手がけ、そのうち戸建ての空き家の整理は100件ほどだといいます。

実際に頼んでみて私が驚いたのは金額です。遺品整理の依頼があるとまずは現地を確認し、どんなものが残されているのか細かく見て、これまでの経験から買い取り金額を想定し、その上で見積もりを出すといいます。そのため**解体業者や産廃業者よりかなり安くなり、場合によっては依頼者にいくらか支払うケースもある**とか。

解体や産廃ではすべてを廃棄物として処分します。トラックに積み込んでゴミ処理場などに運び、費用は廃棄物の量に応じて決まるため、決して安くはありません。

それに比べて**遺品回収はまったく別の業務**です。特に大きな違いは、その場で100%ものを分別、区別することです。これにはもちろんノウハウがあり、**再利用できそうなものはその場で査定して買い取ってくれます。**A社の場合、家電や骨とう品は国内に転売先があり、食器や小物、家具などは東南アジアへ輸出する独自のルートがあるといいます。

業界事情を聞いてみたところ、ここ2~3年で遺品整理業者が急増しており、いまでは全国におよそ1万社あるそうです。ただ、すぐ消えていくところも少なくなく、信頼できる業者を見分けることが重要だと感じました。

見分け方としては、例えば**身近な遺品整理を経験した人や地元の不動産会社で遺品整理をともなう取引事例を知っているところを探し、評判を聞いてみるとよい**でしょう。

また、遺品整理の業界団体がいくつかあり、私がA社を見つけたのは一般社団法人遺品整理士認定協会が運営に関わっている「みんなの遺品整理」というサイトでした。そこには各社の口コミが掲載されており、それを参考にするのもいいでしょう。

遺品整理は基本的に人手がかかる細かな作業です。経験者などの口コミが最も参考になると思います。

3 リフォームよりもハウスクリーニングを

●リフォームは自分の好みで判断しないこと

誰も住まなくなった**実家を片付けた後、私がお勧めしているのはそのまま貸すこと**です。よく「昭和の木造戸建てはリフォームしてからでないと貸せないのではないか？」という質問を受けますが、「基本的にはリフォームはしないでそのまま貸せばいいいですよ」といつもお答えしています。

なぜなら、人によって居住空間の好みや判断基準は様々であり、特に賃貸住宅の場合は賃料との兼ね合いで判断する人が多いのです。

それなのに実家を貸すとなるとなぜか皆さん**無意識のうちに、「自分が住むとしたら」という目線で考えてしまいます。**

特に気をつけたいのは台所、お風呂、トイレなどの水回りです。水回りのリフォームは費用がかかりやすい一方、自分の感覚でリフォームするとかけた費用ほどの効果（リターン）が得られません。

一方、専門業者を入れて水回りの水垢やカビを落としたり、床や壁の埃を拭き取ったり、建具やガラスをきれいにするハウスクリーニングは、戸建ての場合十数万円から最大でも30万円程度でできます。

仲介会社の担当者や借りたいと思った人が現地を見に来たときの印象が違うので、絶対行ったほうがいいです。

●必要最低限のリフォームを行うことも

なお、私は実家を貸した後、最近もう一軒、岡山市内に昭和の戸建てを購入しました。購入価格は**330万円**です。リフォームなどは行わず、そのままでなら月額5万円ないし5・5万円で貸せそうです。ただし、お風呂がいま壊れているのでさすがに貸せません。これだけは直さないといけないでしょう。

さらに500万～600万円をかけて全体をしっかり直せば7万～8万円以上の賃料は狙えると思います。一方、月3万円高く貸せたとしても、500万円のリフォーム代を回収するには166カ月、つまり13年以上かかる計算です。

この物件は岡山市内でも人気のアドレスで、はたしてどこまで賃料を上げられるか、しっかりリサーチしてからリフォームの判断をしたいと思います。ただし、初心者の方々にはこのようなリフォームをあまりお勧めできません。リフォーム後の賃料を見極められない中でついつい過剰なリフォームを発注してしまいがちだからです。

借り手や仲介会社からのリフォームの要望についても同じように回収にかかる期間を慎重に見極めます。例えば、温水洗浄便座であれば最近は2万円くらいで買えるようになっています。一方、台所やお風呂については使えればそのままというのが基本姿勢です。「システムキッチンにしてほしい」「独立洗面台が欲しい」と言われることもあ

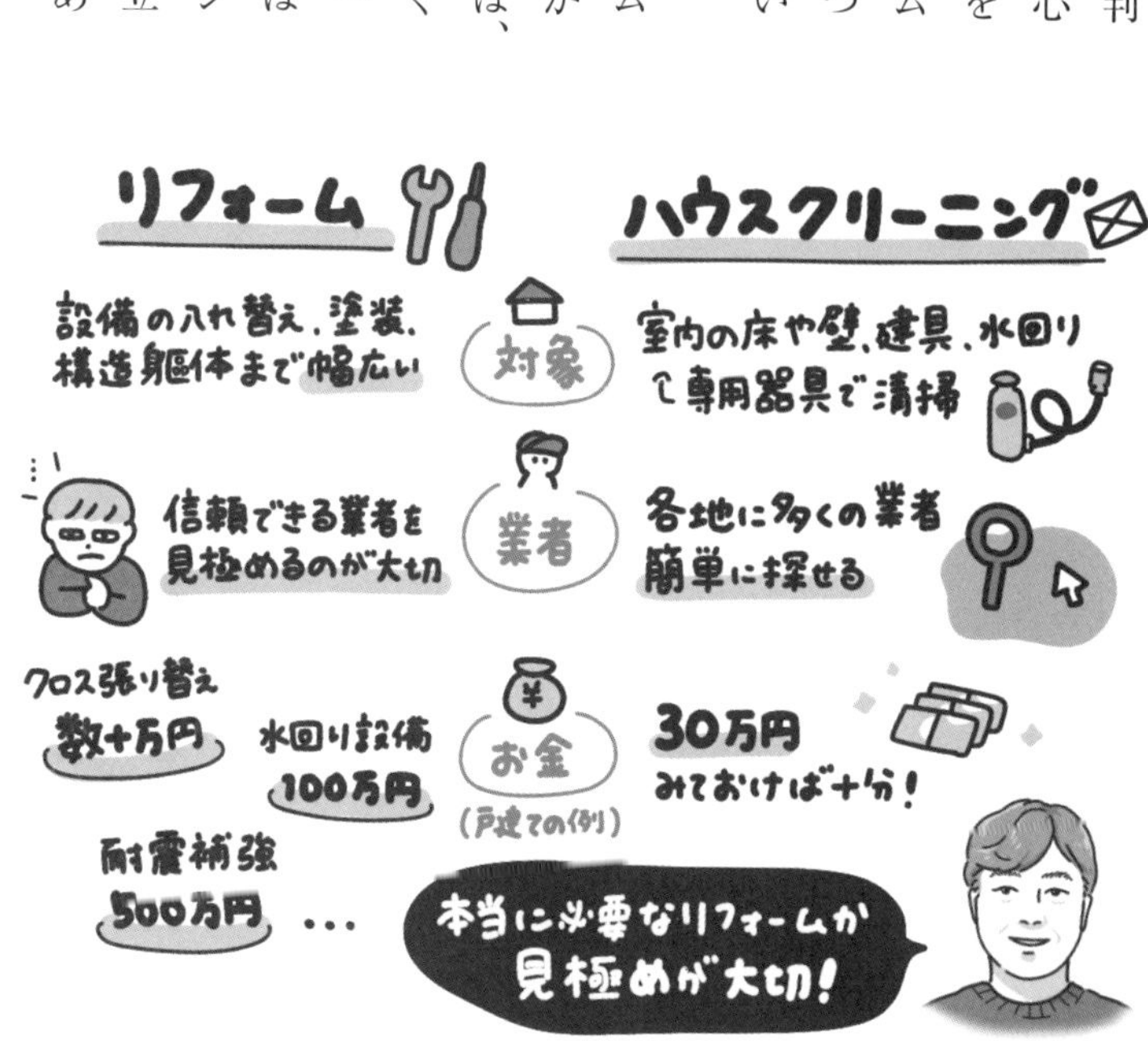

りますが、水道の配管工事が必要なリフォームは勘弁してもらいます。流し台の入れ替えくらいならユニットで安い商品（10万円以下）があるので、慣れた人ならば自分で設置してもいいかもしれません。

図表22　ハウスクリーニングの上手な頼み方

1. 自宅(マイホーム)向けの業者は避ける。

・チラシなどで大きく宣伝しているハウスクリーニング業者は、自宅（マイホーム）所有者をターゲットにしている。細かくメニューを分けて料金設定しておりわかりやすいが、トータルの金額は高め。

2. 賃貸募集を依頼する仲介会社に紹介してもらう。

・仲介会社は管理しているアパートや賃貸マンションのハウスクリーニングを依頼する業者と付き合いがある。通常、「まとめていくら」という発注の仕方をするので安いし、賃貸向けのポイントがわかっている。

3. 現地を確認して提案してもらう。

・仲介会社に紹介してもらったハウスクリーニング業者に現地を見てもらい、パッケージ料金を基本にしつつ、入居者募集の観点から「ここは少し丁寧にクリーニングしたほうがいい」といった提案を個別にしてもらう。
・追加分は見積もりを確認の上、発注する。

第5章のまとめ

1. 誰も住まなくなった実家の片付けでは、自分の気持ちの整理をつけることがとても大事。納戸や押し入れ、倉庫にしまってある遺品を一つひとつ取り出し、手に取り、目を通す時間をきちんととる。

2. 仏壇や位牌、お墓の扱いについては付き合いのあるお寺（菩提寺）に相談して、「魂抜き」や「魂入れ」をきちんと行うとよい。

3. 実際の片付けは地元の業者に依頼する。ポイントは、産廃業者ではなく遺品整理業者に頼むこと。また、複数の遺品整理業者に声をかけ、見積もりをとってみながら対応などをチェックし、信頼できるところを選ぶ。

4. 遺品などを片付けた後は、基本的にハウスクリーニングだけ行う。リフォームは自分の好みで判断しない。

5. ハウスクリーニング業者も、自宅（マイホーム）向けの業者よりは賃貸専門の業者を仲介会社から紹介してもらうのがお勧め。

第 6 章

入居者の募集から契約まで
こうすれば大丈夫

1 相場を調べるのは簡単

●㎡単価で比較するのがポイント

誰も住まなくなった実家をきれいに片付けたら、次に行うのは**入居者の募集**です。実家が遠く離れたところにあると、入居者の募集や契約の手続きのためにいちいち帰らなければならないのではないかと心配する人もいますがそんなことはありません。

まず、実家がいくらくらいで貸せるかはネットで調べればだいたいわかります。具体的には、「アットホーム」「ＳＵＵＭＯ（スーモ）」「ホームズ」など様々な物件サイトがあり、日本全国の売却物件、賃貸物件が掲載されています。

自分の実家のあるエリアについていくつかのサイトでチェックすれば、どんな物件がいくらくらいで貸しに出ているかが一目瞭然なのに、こうした物件サイトのチェックさえやっていない人が大多数です。

やり方は簡単です。**物件サイトを開いたら、「県名　地名　戸建て　賃貸」と入力して検索してみましょう。**物件がいくつか出てきますから、それらの㎡単価の数字を計算します。

例えば、床面積130㎡で月額賃料が8万円となっていたら、8万円÷130㎡＝615円／㎡です。

次に、**自分が所有する実家の床面積を掛けてみます。**例えば100㎡であるなら、615円×100㎡＝6万1500円となり、これが実家を貸す際の一つの目安になります。

なお、**実家を売る場合の売却想定金額についても同じように、他の物件（売出物件）の㎡単価（基本的には土地の㎡単価）を調べて、それを自分が所有する実家の土地の面積に当てはめてみましょう。**

●地元の複数の不動産会社に聞く

ただ、こうした物件サイトに掲載されているのは**あくまで貸主や売主の希望金額**です。**実際に成約した金額ではなく、中には相場からかけ離れた金額で出ている物件もあります。**

そこで次に行うのは、**実家の周辺にある複数の仲介会社に声をかけ、片付けた実家を見てもらって「いくらくらいで貸せるか」意見を聞くこと**です。

これは別に遠慮なんてする必要はありません。仲介会社では自社を通して借り手や買い手がつけば手数料が入るので、喜んで見てくれます。

複数の仲介会社に同時に聞いても問題ありません。各社、他にも声をかけていることはわかっています。それが不動産業界の常識です。

繰り返しになりますが、まずネットでざっくり相場を調べ、次に実際の募集賃料を地元のプロ（仲介会社）に聞きます。以前はネットとプロの意見にはある程度、金額に開きがありました。プロはどちらかというと慎重に見るので、抑えた金額を言ってくる傾向があります。しかし、最近私がサポートしたケースでは、ネットで調べた賃料相場と複数の仲介会社の意見がまったく同じでした。

●店舗用では難しく居住用で契約

私は岡山市の実家でも、入居者の募集にあたってはこうした手順を踏んで募集を始めました。特に、最寄りの路面電車の終点から徒歩3分の立地ということで住居用だけでなく店舗用としても募集しました。

店舗用としての賃料は月額15万円、業種は不問としました。業種や業態によって建物にダメージが残って原状回復のコストがかさんだり、比較的短期間で撤退することがあり、事務所などに限定したいところですが、ほかに借り手がいなければどんな業種でも仕方ないと内心では思って業種不問としました。だからこそ15万円とやや高めに設定したのです。

何件か見学希望はありましたが、契約には至りませんでした。この立地では店舗用として15万円で借りる人はいなかったということです。それはそれでよしだったと思います。

住居用としては、昭和の木造住宅とはいえ2階建てで延べ床面積は180㎡、ガレージもついているので9万8000円で募集しました。これは複数の仲介会社の意見を踏まえて決めたものです。募集条件はほとんどつけず、「誰でもどうぞ」というスタンスにしました。

当初は建物が古く、設備も魅力的でないため、普通の賃貸住宅では大家が敬遠しがちで審査が厳しい層になるかなと思っていました。

しかし、実際に借りてくれたのは事務所兼住居として使いたいというご兄弟でした。建物にあるガレージも趣味で使えると喜んでいただいたようです。とても良い人たちに借りてもらえて満足しています。

●地元の業者からは冷ややかに見られたが……

実家は母親が住んでいた頃、水回りを多少はリフォームしましたが、システムキッチンやユニットバスではなく、トイレも温水洗浄便座付きではありません。かつて知り合いからは

「こんな古い家、誰も借り手はつかないよ」とさんざん言われました。

しかし、**室内をきれいにクリーニングした後、地元の複数の仲介会社に見せ、「このままでいくらなら貸せるか」という意見を聞きネットに広告を出してみると3週間ほどで決まったのです。**

ちなみに、地元では店舗用とはいえ古い戸建てを15万円で募集するケースはまずありません。そのため声をかけなかった他の仲介会社は「無茶な金額で募集しているよ」と冷ややかに見ていたようです。

実際の成約価格はネット上はもちろん業者間でも基本的にはわかりません。ただ、「店舗用で月15万円、住居用で月9万8000円で募集していた物件が決まったらしい」という情報は地元の業界ですぐ流れます。

その結果、翌月には同じような築古の戸建て賃貸の募集広告がサイト上に掲載されるようになりました。これまで「貸せない」と思い込んでいた所有者も業者も、実際は「貸せるんだ」ということがわかり、二匹目のどじょうを求めて堰（せき）を切ったように動き出したのです。

こうした手のひらを返すような行動に正直、驚くとともに、根拠のない意見は気にすることなく、実際に行動してみることが大切だと思いました。

2 仲介会社との付き合い方

●最低5社以上に声をかける

内部を片付けた実家を貸し出すにあたっては、地元の賃貸専門の仲介会社に声をかけ、募集広告を出してもらいます。

不動産会社にとっては通常、賃貸募集の依頼を受けて借主を探すことができれば、借主からは家賃1カ月分の仲介手数料、大家からは同じく1カ月分の広告費を受け取ることができます。つまり、借主を探している賃貸住宅は仲介会社にとってはビジネスのタネであり、基本的にはどの会社もまずは無料で引き受けてくれます。

ただし、大家側が注意すべきなのは1社のみに依頼するのではなく、なるべく多くに声をかけることです。**最低5社以上に片付けた実家を見てもらい、その意見を聞くのがベストだ**と思います。

依頼する際には直接、その会社の店舗を訪れる必要はありません。電話で話をし、必要な資料（募集賃料や敷金、礼金の条件など）はメールで送れば十分です。向こうもそういうやり方に慣れています。

●現地に目立つ看板を出してもらう

依頼を受けた仲介会社では、**物件の概要（立地、広さなど）と募集賃料、間取り、写真などをSUUMOやアットホーム、ホームズなどの物件サイトに掲載します。広告掲載料は仲介会社が負担し、成約すれば大家から広告費をもらうというのが一般的**です。

また、現地にはできるだけ目立つ看板を出してもらいましょう。看板はさほどコストがかからない上、通りすがりの人からの問い合わせも期待でき、意外に効果が大きいからです。

募集広告で一番重要なのはもちろん、募集賃料です。あまり高すぎればなかなか入居者が決まりませんが、かといって安すぎればすぐ決まるものの、本当は得られた利益を逃している可能性があります。

それゆえ、地元の複数の仲介会社に声をかけて「賃料はどれくらいが適切か」を聞くのです。

なお、ネット広告や現地看板を見て「借りたい」という見込み客からの問い合わせには、**「少し賃料を下げてほしい」「畳を張り替えてくれないか」「郵便ポストを直してくれ」「壁紙を自分で張り替えていいか」などの要望がつくことは珍しくありません。**大事なことはそれらに対し、それぞれに**かかる費用の見積もりを早めに入手し、「できる、できない」をはっきりと返答すること**です。

そして、対応可能なものにはできるだけ応えるようにします。早く先に問い合わせしてくれた人のほうが関心があるということであり、できるだけその希望に応えるようにするほうがいまの時代、賢い選択だと思います。

3 募集条件はなるべく緩やかに

●賃料設定の考え方

募集広告を出す際の賃料設定の考え方についてもう少し説明しておきます。
私は、**プロの意見を聞いた上であまり欲張らないようにするのがよい**と思います。極論すれば田舎であっても月額1万円で募集広告を出せばおそらくすぐ決まるでしょう。しかし、そこからどれだけアップできるかというと「広告を出してみないとわからない」と言うしかありません。

とはいえ、相場から離れた家賃では決まりません。最初は「借りる人なんていないでしょう」と言っていたのに、貸せるかもしれないとなると皆さん、どうしても欲が出てきて、「これぐらいはいけるのかな」といった話になります。

ネットでチェックした相場を無視して、超楽観的な金額を口にする人もいます。仲介会社もそう言われればそれで引き受けますが、内心では「広告は出しておくけど、来なくても大家の責任」と思っているはずです。

万が一、その金額で決まれば自分たちも手数料が増えるのでよし。しかし、積極的には動いてくれません。そうなると成約まで時間がかかるので注意が必要です。

私が相談を受けるケースでも「募集を始めてから3カ月で決まる賃料はどれくらいなのか」といった質問を受けます。知りたい気持ちはすごくわかりますが、人が動く引っ越しシーズンかどうかといった季節要因もあり、こればかりはなんとも言えません。

基本的には**自分の希望額（月額賃料）を決め、早く入居者を決めたい人はそこより多少低め、余裕のある人は多少高めで出してみて、あとは借り手の反応を見ながら調整し、また問い合わせがあれば個別に交渉していく**ということです。

できる限り高く貸したいという人は、強気の金額で募集してみるとよいでしょう。その金額で決まればラッキーという感じです。あるいは、「すぐ賃料が欲しい」というのであれば、複数の仲介会社の意見が月額8万円なら7万円ぐらいに抑えるようにします。

なお、複数の仲介会社を通して借り手を募集する場合、**賃料や敷金、礼金などの条件は同じにしておかないとトラブルになる**ので気をつけてください。

●年齢、国籍にはこだわらずペットやリフォームもOKに

昭和の木造戸建てとしては、**入居者を募集する際の条件はなるべく緩やかにするほうがよい**と思います。

例えば、**年齢や国籍による制限はつけません。ペットもOK**です。さらに、**入居者が自分で壁紙を張り替えるなどある程度自由にリフォームするのを認めるのもよい**でしょう。私も岡山市内の実家を貸す際、借りてくれた人に「内装は自由にやってください」と言いました。戸建て賃貸はまだ市場にそれほど出回っていませんが、かといって誰も住まない実家は昭和の戸建てがほとんどであり、募集条件を柔軟にすることで魅力づけをしていくのが合理的です。

ここの考え方は「将来、実家にもう一度住むかどうか？」をベースにして、どの程度緩めるか決めればいいと思います。私はもう二度と住まないだろうと思っているので、「内装は自由にやってください」と言ったのです。

個人的には**リフォームOKというのはDIYが好きな人などに興味を持ってもらえる**と思います。募集の際には物件情報に大きく「リフォーム可」などと表示するとよいでしょう。

また、**地方では駐車場は必須**です。もし**実家になければ外で契約して、駐車場付きで募集**

することも検討します。

現地に「入居者募集中」の看板を出してもらうことも忘れずに行いましょう。これはネットで広告を出すのと同時に行います。そういう看板を仲介会社はみんな持っていて、**自社の宣伝にもなるので通常は無料で設置してくれます。**

●山林なども看板を出してみる

なお、誰も住まなくなった地方の実家には、田畑や山林など他の不動産がセットになっていることもあります。

我が家では北関東に妻が所有している8000坪の土地があります。母方の先祖代々の土地ですが、山林と竹林でまったく手つかずのままです。

「なんとかならないか」と妻から相談を受けた私はすぐ立ち上がりました。地元の不動産会社のいくつかに電話して、まず実行したのがカンバン作戦です。「売り土地」「貸し土地」と書いた大きな看板をつくり、そこに私の携帯番号も書いておいて現地に設置しました。このケースではさすがに不動産会社の負担でやってくれとは言えず、費用はこちらが出しました。

これが意外に効果があり、現地周辺を車で通りかかった人から時々、「材木置き場に使いたい」とか「キャンプ場にできないか」「工場用地としてどうか」といった問い合わせが入ります。

以前、太陽光発電用地として1000万円で買いたいという話もありましたが、景観などの点から太陽光発電は私自身が懐疑的なところもあって見送りました。現在は一括して貸すのではなく、部分貸しでもいいかなと考えているところです。

なお、この土地は建物が原則建てられない市街化調整区域ではないので使い勝手をよくするため、地目を山林から雑種地に変えました。すると固定資産税が上がってしまい、「あなたが余計なことをするからでしょ。この税金はあなたが全部払ってください」となぜか妻から怒られてしまいました。でも大丈夫。きっとうまくいくと思います。

入居者募集のポイント!

POINT 1 賃料設定は欲張らない

プロの意見を参考に

実際は広告を出してみないとわからない

どれくらい早く決めたいか?で調整

POINT 2 募集条件は柔軟に

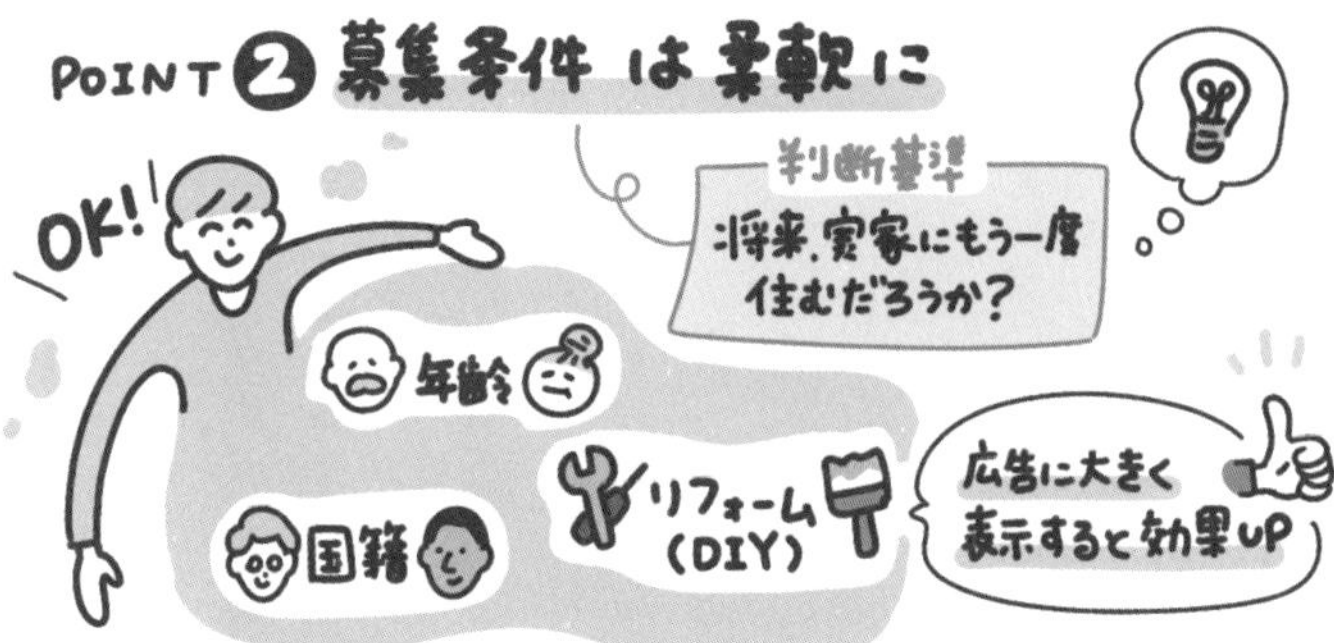

POINT 3 現地に看板を出してみる

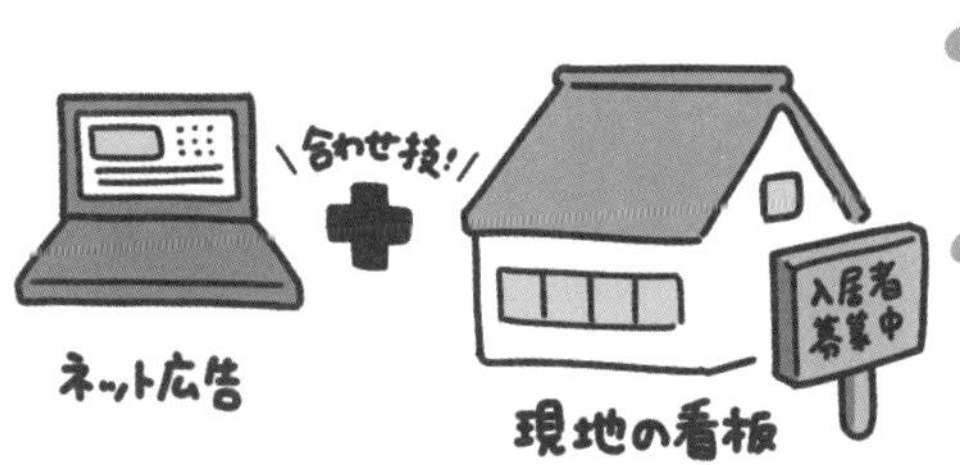

- 仲介会社はみんな看板を持っている
- 宣伝にもなるのでたいてい無料で設置してくれる

4 賃貸借契約で注意すべきポイント

●賃貸借契約も遠隔でOK

借り手が見つかったら賃貸借契約書をとりかわします。

賃貸借契約書には、借り手が物件を住居として使用する代わりに大家に対して賃料を支払うことや入居の時期、毎月の賃料の額などを記載します。また、賃料の滞納があったときのペナルティや退去時の敷金の扱い、原状回復義務などについても取り決めます。

借り手との間でなんらかのトラブルが起こったら賃貸借契約書の内容に基づいて解決することになるので、その内容はしっかり確認しておく必要があります。

ちなみに、**契約書は仲介会社が作成してくれ、借り手と契約を結ぶ際に大家が立ち会わないケースも少なくありません。借り手の募集から契約まで基本的には電話やメール、ウェブ会議システムなどを使い、遠隔からでも問題ありません。**

●家賃保証会社をつけるのはマスト

仲介会社では賃貸借契約に当たって家賃保証会社に審査を依頼します。

かつて賃貸借契約では、借り手が保証人を立てるのが一般的でした。万が一、家賃を滞納するなどなんらかの損害を与えた場合、保証人にカバーしてもらうためです。

しかし、時代の変化とともに保証人を立てることが難しくなり、今では**家賃保証会社が保証人の代わりに保証するのが一般的**になっています。

家賃保証会社を利用する場合、保証会社が借り手に対して身分証明書のコピー、収入証明(源泉徴収票や給与明細書)、会社員であれば在籍証明書などの提出を求めます。これらをもとに保証会社では借り手の職種や雇用形態、勤続年数、年齢、収入、過去の滞納履歴などをチェックします。これは**大家にとって契約相手のスクリーニングになるということでもあり、マスト(必須)**といってていいでしょう。

●いずれ売却する予定なら定期借家で

なお、**実家を将来、自分たちで使いたいときや一定の時期がきたら売却する予定なら「定**

期借家」で貸すことをお勧めします。

「定期借家」は2000年に導入された新しい賃貸借契約のパターンです。それまでの**「普通借家」と比べた最大のメリットは契約期間が終われば入居者に退去してもらえること**です。建物が確実に戻ってきて、そこでもう一度定期借家で貸してもいいですし売るという選択肢も考えられます。

例えば、実家が1000万円で売れそうな場合、それを定期借家で貸して毎月8万円が入ってくれれば、月8%の利息がつく定期預金を持っているようなものです。

私の岡山市の実家も定期借家で貸しています。募集段階では3年としていましたが、問い合わせしてきた借り手が10年にしてほしいというので、間をとって5年にしました。10年というのは、借り手負担でリフォームをする予定なので、それだけ長く住みたいということだったと思います。

一方、**定期借家のデメリットは長く住みたいという人がやや敬遠すること**です。仲介会社の担当者も定期借家の説明を面倒くさがることがあります。借り手としては契約期間が終わったら原則退去しなければなりませんが、私の例のように当初の契約期間を長くすることももちろん可能です。そういう点をうまく説明できる担当者なら、**「募集条件では3年になっていますが、大家さんと交渉して5年にします」**といった説明をして、契約をまとめてくれます。それを面倒くさがって「3年は3年です」と突っぱねると話が止まってしまい、せっかく借りたいと思っていてくれても契約に至らないことになりかねません。

この点については貸すほうとしても、予め柔軟に対応するということを仲介会社に伝えておいたほうがよいでしょう。

図表23　普通借家と定期借家の比較

	普通借家	定期借家
契約期間の満了と更新	借主が希望すれば更新される ※貸主が拒む場合は正当な事由が必要	借主が希望しても更新はできない ※貸主と借主の双方が合意すれば「再契約」は可能
1年未満の契約	できない	できる
契約締結	口頭でも可 ※実務では契約書を作成するのが一般的	書面での契約が必要 ※現在は電子メールなどによる契約も可能 ※契約書とは別の書面で借主からの説明が必要
中途解約	契約に定めていなければ中途解約はできない	一定の条件を満たせば借主からは中途解約ができる ※200m²未満の居住用建物で転勤、療養などのやむを得ない事情で使用が困難な場合

第6章のまとめ

1. 入居者を募集するにあたっては、ネットで地元の賃料相場を調べてみる。似たような物件の賃料を建物の床面積で割り、㎡単価を出す。それを実家の床面積に掛ける。

2. さらに、地元の賃貸専門の仲介会社を5社以上ピックアップして、「いくらで貸せるか」査定してもらう。

3. 募集賃料はあまり欲張らないようにするのがよい。

4. 募集条件については、年齢、国籍にはこだわらず、ペットの飼育やリフォームもOKにするほうがよい。

5. 借り手との賃貸借契約は遠隔でもできる。

6. いずれ売却する予定であれば、「普通借家」ではなく「定期借家」で契約するという選択も考えられる。

第 7 章

入居者が決まった後、大家としてやることはこれだけ

1 メインは毎月の入金チェック

●大家として行う主な業務

誰も住まなくなった実家をきれいに片付け、そのまま貸し出して借り手（入居者）が決まったら、いよいよ大家業のスタートです。

大家業はれっきとした事業（ビジネス）ですが、土地と建物を貸すのがメインであり、特別な技能がいるとかまとまった時間をかけなければならないといったことがなく、他の事業に比べるとハードルが低いのが特徴です。また、実家の戸建てを貸し出すレベルでは、勤務先の規定にもよりますが、副業に当たることはほぼないでしょう。

大家が行う具体的な業務としては、主に次のようなものが挙げられます。

ただし、これらの業務を**大家自ら全部やる「自主管理」**と、**管理会社に大部分を任せる「委託管理」**があります。委託する場合は、管理会社が行う業務（入金確認、修繕、退去立ち会い等）を確認します。

（1）毎月の賃料の入金チェック

自主管理の場合、契約に基づき毎月家賃が指定の口座に振り込まれるはずなので、ちゃんと期日に所定の額が振り込まれているか確認します。

委託管理の場合は入居者からまず管理会社へ振り込まれ、管理費（通常、家賃の5％前後）を差し引いた額が管理会社から振り込まれます。

保有物件が多くなると入金状況の確認作業も大変ですが、実家再生ではそうしたことはありません。

（2）設備の故障や建物の不具合への対応

入居者から時々、「エアコンが故障した」「雨漏りがする」といった連絡がくることがあります。**設備の故障や建物の不具合の補修は大家の責任**です。とはいえ、**委託管理であれば大家が直接対応する必要はなく、通常は管理会社を通して業者を手配し、費用を支払えばそれで済みます。**

大事なことは**管理会社からクレームの連絡があったとき、すぐ返事をすること**です。見積もり比較などでぐずぐずしていると、退去のきっかけになったりします。

（3）入居者の入れ替わり時の対応

入居者が退去することになったときは、**退去日の調整、退去時の立ち会い、敷金の精算、退去後の原状回復工事の手配**などを行います。これらも委託管理であれば管理会社に任せていて問題ありません。

退去が決まればすぐ新たな入居者の募集を始めます。募集賃料の設定や募集条件の見直しは管理会社と相談して決めます。

（4）滞納者への対応

もし、家賃の未払いがあれば入居者に督促を行います。これも委託管理であれば管理会社から行ってもらいます。また、**家賃保証会社が保証人になっている場合は保証会社が滞納分の家賃を肩代わりするほか、入居者への督促、契約解除や建物の明け渡しまで行ってくれます。**

なお、民法では家賃や地代について次のような消滅時効を定めているので注意しましょう。

・債権者が権利行使できると知ってから5年間行使しないとき

・権利を行使できるときから10年間行使しないとき

消滅時効の進行を止めるには、内容証明郵便で請求する「停止（改正民法では完成猶予）」を行い、その後6カ月以内にさらに裁判上の請求を行う「中断（改正民法では更新）」という手続きが必要になりますが、**家賃保証会社に任せておけば、こうした時効への対応も問題ありません。**

（5）設備や建物のメンテナンス

私がお勧めしている実家再生では当初、屋内はきれいに片付けるものの建物の屋根や外壁、内装や設備については基本的に手をつけません。

ただ、**建物や設備の経年劣化は避けられず、入居者からのクレームや要望があった場合、退去を防ぐにはすみやかに判断して修繕することが必要です。また、入居者の入退去時にはどこまで、どの程度直すかを判断すること**になります。

よくいわれるのは**「家賃3カ月分ルール」です。月5万円で貸している場合、15万円までならすぐ対応するということ**です。私の岡山市の実家は月額8万円で貸しており、入居前に畳の表替えを求められたときは16万円程度でできたのですぐOKしました。

ただし、「家賃3カ月分ルール」はあくまで目安です。外壁を全部塗り替えてくれとか、玄関ドアを替えてくれとか、あまり極端な要望には応えられないのは当然です。一方、台所や洗面、浴室が本当にボロボロでそのままでは貸せない場合、修繕に100万円くらいすぐかかります。しかし、ぜひ貸したいのであればリフォームするしかありませんし、将来高く売れそうだとか、自分が住むかもしれないとか考えるのであればリフォームするという選択もありかと思います。

●管理会社に任せるか自主管理にするか

このような大家としての業務の多くは地元の管理会社に任せればいいと思います。よくあるのは、**借り手の募集を頼んだ仲介会社が賃貸物件の管理も手がけており、そこに頼むケース**です。管理費は通常、月額賃料の5％ほどです。仲介で借り手を見つけてくれたところが「管理もやらせてほしい」と言ってきたら、そこに任せるのが自然な流れでしょう。

とはいえ、借り手の募集だけ行い物件管理をやらない仲介会社もあります。その場合は別に管理会社を探すか、自分ですべて対応する自主管理にするかの判断が必要です。

これは微妙で、実家が比較的近い距離にあれば自主管理でもなんとかいけると思います。ただ、大家業が初めてという人は家賃の5％ほど払って管理会社に任せておいたほうがよいと思います。

不動産投資を長年やっている個人投資家の中には、すべて自主管理でやっている人もいますが、そうなると専業プロ大家の世界です。本業がある人にはそもそも無理です。

なお、私は専業プロ大家なので所有する物件の一部で自主管理を考えたこともありますが、空家再生投資のコンサルティングなども行っており、そこまでこだわりもないので管理会社に任せています。

2 確定申告して初めて不動産投資がわかる

●税金の理解が不可欠

私は10年前、老後の年金対策のため不動産投資を始めようと考えたとき、税理士に相談しました。当時すでに勤めていた会社では管理職になっていて、給料は所得税の税率区分ギリギリのところまで来ていました。そのため、「いまから不動産投資をしても税金対策としては意味がないし、年金対策にもならない」と言われました。個人で不動産投資を行ってもその収入は給料と合算され、高い税率で課税されるからです。

そこで初めて、不動産投資においては税金のことをきちんと理解しておかないといけないということに気づきました。

●確定申告とは何か

実家再生のケースを含め、**所有する不動産を他人に貸して賃料収入を得ると、税法上は「不**

動産所得」もしくは「事業所得」に当たります。

個人が1年間に得た収入は10種類に区分されます。サラリーマンの場合、会社から支払われる給料は「給与所得」に当たり、通常は年末調整だけで確定申告は不要です。

しかし、**「不動産所得」等がある場合は別途、税務署に「給与所得」と「不動産所得」等を合わせた所得の内訳や税額を計算し直し、必要書類をそろえて提出・納税することが必要**です。これが**「確定申告」**と呼ばれるものです。

確定申告は毎年1月1日から12月31日までの所得について、その翌年の2月16日から3月15日（土日の場合は次の平日）までに行います。

この確定申告において「不動産所得」等の計算を自分で行うことで、不動産投資の仕組みがわかるのです。

不動産所得の計算は基本的には次のようになっています（賃料収入が事業所得に当たる場合も同じです）。

賃料等の収入 − 必要経費 ＝ 不動産所得

「賃料等の収入」に当たるのは、1年間に受け取った賃料のほか礼金や駐車場代などです。

敷金については退去時に返却が必要なので「預り金」とされ、収入には含まれません。ただし、返却が不要な保証金や更新料などは収入に含める必要があります。

一方、**「必要経費」になるのは①固定資産税・不動産取得税などの税金、②管理会社に支払う管理費や仲介手数料、③建物や設備の修繕費、④建物や設備の減価償却費、⑤ローンの金利分**などです。

このうち実家をそのまま貸す場合は、**④の減価償却費と⑤のローン金利は通常、発生しません。**

④の減価償却費は建物や設備の取得費を、税法上決められた耐用年数に応じて分割し費用に計上するものです。

しかし、そもそも昭和の木造戸建ては耐用年数（居住用の木造住宅で22年）をはるかに超えており、すでに減価償却を終えていますので関係ありません。ただし、雨漏りやシロアリの被害を直したり、使えない状態の水回りを補修したりして、建物を何年も長持ちさせる工事を行った場合、その補修費は一時的な費用とはならず減価償却の対象になります。

⑤のローンの金利分についても、実家をそのまま貸す場合はそもそもローン（融資）を使うことはないので無関係です。

とはいえ、不動産所得の確定申告をするため、様々な経費の領収書を集め、申告書に記入することで、「収入」と「必要経費」にはどのようなものがあり、いくらくらいになるのか、給与所得と合わせて所得税をどのように計算するのか、といったことを経験するのはとても重要です。

日本ではサラリーマンは自分で税金（所得税）の計算をすることがあまりありませんが、不動産投資を通じて税金の感覚を身につけることはいろいろな場面できっと役に立ちます。

第7章のまとめ

1. 大家業はれっきとした事業（ビジネス）だが、他の事業に比べると時間や手間はさほどかからない。副業にも当たらないと考えられる。

2. 大家として行う業務を自分ですべて行う「自主管理」と、管理会社に大部分を任せる「委託管理」があり、本業のある人などは「委託管理」のほうがお勧め。

3. 実家を貸して入ってくる賃料は「不動産所得」等となり、毎年、確定申告が必要になる。確定申告することで不動産投資の仕組みが理解できる。

第 8 章

「実家を片付けて貸し出す」ことが、不動産投資の入り口になる

1 実家再生は不動産投資の練習台

●あと5万円、10万円あればうれしいという人へ

本章では、誰も住まなくなった実家を片付けて貸し出すことが、本格的な不動産投資への入り口であることについて説明します。

私はもともと起業して不動産投資と大家業を本業としており、その後、実家再生に取り組みましたから逆のパターンになりますが、いずれにしろ両方のメリットやその関係を理解しているつもりです。

まず、実家再生に成功したらそのまま本格的な不動産投資へ行くほうがよいと言うつもりはありません。そこは人それぞれの判断です。ご家族の理解も必要でしょう。本格的な不動産投資となると金融機関からのローン（融資）が必要になってきます。「いまさらローンを組みたくない」という人は実家再生までにしておくといいでしょう。

ただ、中には実家再生で月5万円とか私の場合は月8万円ですが、定期的な収入があることのありがたみを実感し、「プラスもう5万円、10万円あればうれしい」と思う人もいるは

ずです。

そういう人に対して、具体的にどのように取り組めばいいのかという情報提供をしたいと思います。

●不動産投資の鍵を握るレバレッジ

他の投資と比較した場合、**不動産投資の大きな特徴はローンを利用できること**です。株式や債券への投資はふつう自己資金で行います。株式の信用取引やＦＸ（外国為替証拠金取引）では取引相手の証券会社などによる一定の信用枠を利用できますが、リスクも高く上級者向けです。

それに対して不動産投資ではごく一般的に、購入する土地と建物を担保に銀行など金融機関でローンを組むことができます。金融機関としても、株式や債券、ＦＸへの投資は最悪ゼロになりかねませんが、不動産投資では土地と建物を担保にとることでリスクヘッジができます。また、マイホーム向けの住宅ローンに比べ、不動産投資向けのローンは金利もある程度高く設定でき、ある意味優良な貸出先なのです（最近は不動産価格の高騰からかなり慎重になっていますが）。

借りられる金額（購入価格に対する割合）は金融機関や借入時の経済状況などによって変わりますが、おおむね購入価格の7〜8割、以前なら10割ということもありました。

自己資金にローンを組み合わせることで投資金額を引き上げ、そのことでより多くのリターンを狙うことを「レバレッジをかける」といいます。

仮に自己資金で3000万円の賃貸マンション（1室）を購入し、利回りが4％とすれば1年間の賃料収入は120万円です。

一方、自己資金3000万円に7000万円のローンを組み合わせ、1億円の1棟アパートを購入すれば、同じく利回り4％で1年間の賃料収入が400万円、利息の負担が100万円（年利1・4％程度）としても手元には300万円が残ります（諸費用などは除く）。

同じ自己資金3000万円の投資でも、ローンを組み合わせるかどうかでリターンには2・5倍の差が出るのです。

ただし、**ローンを組んでレバレッジをかけた場合、金利が上昇すると利息分が増えてリターンが減ります。**また、**将来売却する際に購入時より物件価格が大幅に値下がりしていると、それまでに得た賃料分以上のマイナスになる可能性もあります。**

不動産投資においてローンはうまく使えば大きな味方になってくれますが、逆効果になると大きな損失を被ることもある点には注意が必要です。

●実家の再生は〝下駄を履いた〟状態

実家をそのまま貸すことはこうした不動産投資の特徴であるレバレッジにおいて、ある意味〝下駄を履いた〟状態であるといえます。

なぜなら、安定して家賃収入を生み出す実家、特にその土地は金融機関から見れば一定の担保価値のある資産です。人に貸して毎月、一定の賃料が入ってきていますし、万が一の際、売りに出せば一定の売却金額も得られます。

一般に不動産投資は自己資金にローンを組み合わせて物件を購入し、スタートします。しかし、実家再生は当然ですが、ローンのない状態からのスタートです。これをバランスシート（貸借対照表）で比較してみましょう。

ビジネス経験のある方ならバランスシートはご存じかと思いますが、もともと企業の財務状況を表すもので経営の通信簿などといわれます。その表記は大きく左右の2列に分かれ、右が「資本の部」、左が「資産の部」です。

「資本の部」はどこからお金を調達してきたかを示しており、さらに借入金や買掛金などの

「負債」と、資本金や内部留保などの「純資産」に分けて記載されます。

「資産の部」には調達したお金がどう使われているかが示されており、企業の場合は自社ビルや工場の土地建物、機械設備、その他預貯金や有価証券など資産の種類と金額が記載されます。そして、「資本の部」と「資産の部」の合計額は一致しています。

バランスシートは不動産投資にも応用できます。次ページの図表24がその概要です。右の「資本の部」には銀行ローンや敷金（預り金）などの「負債」と自己資金や賃料収入を積み立てた「純資産」があります。左の「資産の部」には、購入した土地や建物があります。

一般的な不動産投資と実家再生の貸借対照表を比較すると、一番大きな違いはローン（負債）があるかないかです。実家再生はバランスシートの規模自体は小さいかもしれませんが、ローンがないので次の物件が買いやすいといえます。それは、資産である実家を「共同担保」として利用できるからです。

図表24　不動産投資におけるバランスシート（イメージ）

〈一般的な不動産投資の場合〉

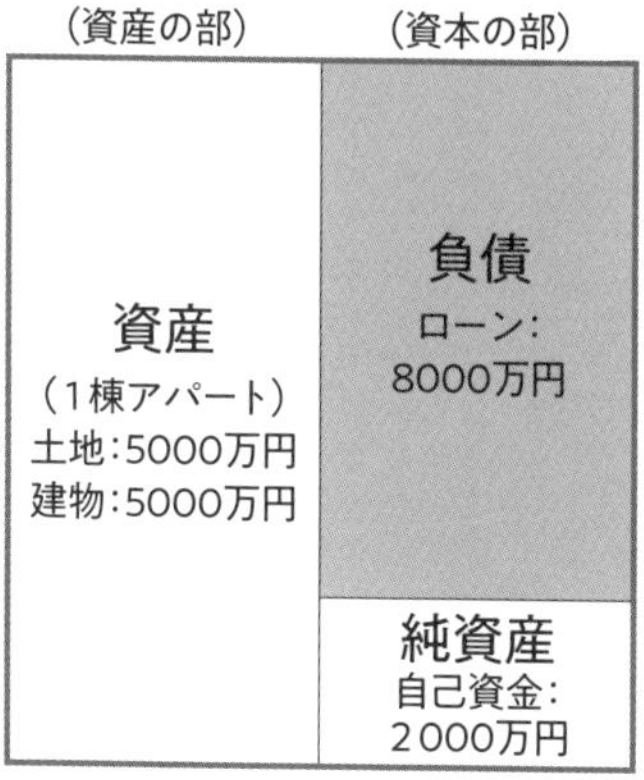

（資産の部）	（資本の部）
資産 （1棟アパート） 土地：5000万円 建物：5000万円	**負債** ローン： 8000万円
	純資産 自己資金： 2000万円

〈実家再生の場合〉

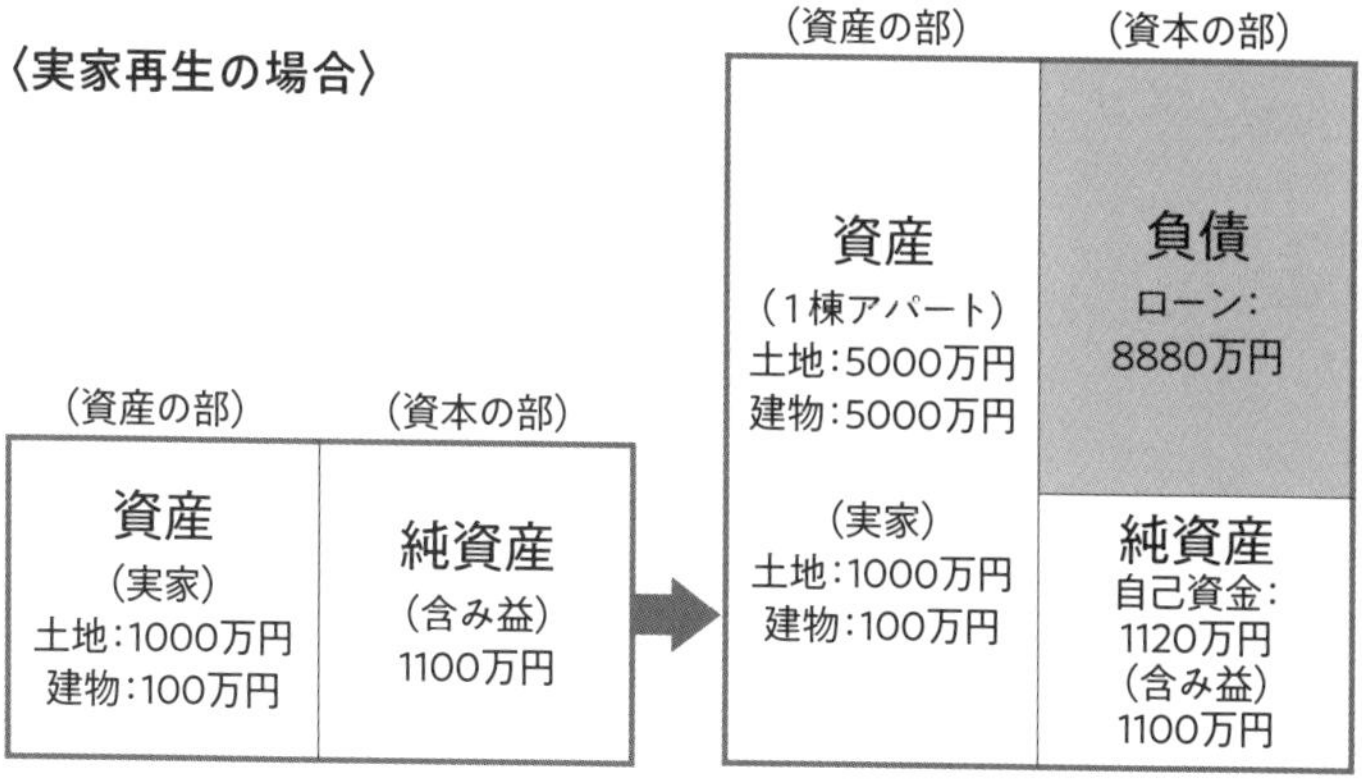

（資産の部）	（資本の部）
資産 （実家） 土地：1000万円 建物：100万円	**純資産** （含み益） 1100万円

➡

（資産の部）	（資本の部）
資産 （1棟アパート） 土地：5000万円 建物：5000万円 （実家） 土地：1000万円 建物：100万円	**負債** ローン： 8880万円
	純資産 自己資金： 1120万円 （含み益） 1100万円

2 実家は共同担保として役に立つ

●共同担保とは何か？

先ほどの図表24では、実家再生の後、1棟アパート（1億円）を買い増すことを想定しています。金融機関の融資（ローン）が物件価格（投資額）の8割までとすると、本来は8000万円までしか借りられず、一般的な不動産投資の場合は2000万円の自己資金が必要です。

しかし、実家再生の場合はもともと実家という資産があり、1棟アパート（1億円）と合計すると投資額は1億1100万円となります。この8割である8880万円までローン（融資）が組めるため、自己資金は1120万円で済みます。以上はあくまで簡略化したシミュレーションですが、基本的な考え方はおわかりいただけると思います。

ここで鍵を握るのが**「共同担保」**です。

まず「担保」とは金融機関がお金を貸す際、借り手からの返済を確実にするために確保しておく手段のことです。担保なしで貸すと、借り手が例えば行方不明になってしまうと返済してもらえなくなります。

担保には大きく分けて人的担保と物的担保があり、人的担保の代表例が賃貸借契約を結ぶ際の保証人です。そして、物的担保の代表例がローンを使って購入する土地や建物に「抵当権」という権利を設定することです。抵当権とはローンの返済が滞った際、抵当権を設定した土地や建物を処分して優先的に弁済を受けることができる権利であり、登記簿に記載されます。

物的担保としての「抵当権」は、ローンを組んで購入する土地や建物に設定するだけでなく、別の不動産（土地や建物）に設定することもできます。これが「共同担保」です。

例えば、ローンを組んで購入する土地や建物に対して、金融機関が8割までしかローンを認めない場合、そのままでは2割の自己資金が必要になります。ところが、別の不動産（土地や建物）を担保に提供する（抵当権を設定する）ことで、残り2割についてもローンを組めたりするのです。

「共同担保」については、あまり使わないほうがよいという考えもあります。例えば、不動産投資において自宅を共同担保に使うと、自宅を売却したくなったときには共同担保を外さないと売れません。そのため、共同担保の元となるアパートから売らなければ、自宅売却ができないということになってしまいます。しかし、誰も住まない実家を共同担保にするのであれば、そうした心配はいりません。

私が相談にのっているケースでも、将来、地元でアパートを買ったりするため銀行から融資を受けようとしたとき、ローンのない実家はとても役に立つと説明すると、皆さん驚かれます。誰も住まなくなった実家を貸して月々の家賃をもらうだけではなく、不動産投資を拡大する際にもプラスの効果があるのです。

●共同担保としての評価はケース・バイ・ケース

なお、再生した実家を共同担保にするときどれくらいの担保評価になるのかはケース・バイ・ケースです。そもそも金融機関によって不動産の担保評価の基準はまちまちであり、また公表されているわけでもありません。

よくいわれるのは、土地については国税庁が公表している相続税路線価を参考にするものです。一般に都市部においては実勢価格（市場価格）より相続税路線価は2～3割以上低くなっていることが多く、地方のほうが実勢価格（市場価格）と路線価の差は小さいものの、それでも再生した実家の地目が山林や農地である場合、相続税路線価で評価するとほとんど担保価値は期待できません。

実際には、相続税路線価だけでなく再生された実家の家賃収入をベースにした評価（収益還元評価）を加味したり、借り手の資産背景や収入などの条件を勘案しながら金融機関では判断するので、そういう意味でもケース・バイ・ケースというしかありません。

話をまとめると、昭和の戸建てであっても人に貸すことで収益力が認められると、普通の人が思っているよりも実は担保評価が高く、キャッシュを生む潜在能力があるということはぜひ覚えておいてください。

1億円の1棟アパートを購入する場合の共同担保

1億円の1棟アパート
(担保評価額8000万円)

実家
(担保評価額1100万円)

→ 自己資金1120万円+ローン8880万円で購入可能

(共同担保がなければ自己資金2000万円+ローン8000万円)

3 地元金融機関での信用を積み重ねる

●賃料は地元の銀行口座に入金する

誰も住まなくなった実家を片付け、借り手がついたら、毎月家賃が入ってきます。この家賃を自分が住んでいる東京などのメガバンクの口座に振り込むのはちょっと考えものです。私がお勧めするのは、**実家がある地元の地銀や信用金庫に新たに口座を開き、そこにプールするようにすること**です。

なぜなら、メガバンクでは毎月、数万円の振り込みがある口座などまったく相手にされません。ところが、地方の地銀や信用金庫では話が違ってきます。そうした金融機関では毎月、**数万円でも定期的な振り込みがある口座の名義人は優良顧客として認識してくれる可能性があるの**です。

なお、信用金庫では**地元に住民票がある、もしくは住民票に加えて居住実態がある人でないと口座開設を断られることがあります。その場合は地銀に相談するといい**と思います。

先日、ある地方で地銀に相談した際も、地元には元気な企業もあるけれどそういう企業ほ

図表25　家賃を受け取る口座を開く金融機関の選び方

	メリット	デメリット
メガバンク	普段、使い慣れているメガバンクは都市部に支店やATMが多く使い勝手は良い。現金の出し入れなどは便利。	地方にある戸建ての家賃や土地(担保)では額が小さすぎて融資のテーブルに上がりにくい(相手にされにくい)。
実家がある地元の地銀	実家を担保として評価してもらえる可能性があり、買い増しや新築の相談に乗ってくれる(相手にしてくれる)。 定期的な家賃収入は取引先としてプラス評価。 コンビニATMなら手数料はかかるが現金の引き出しも可能。	都市部に支店が少なく対面での相談が難しい。
実家がある地元の信金		エリアを几帳面に見ているので、(地元出身でも)居住していない場合は口座を開けないケースがある。 融資エリアが限定される。

なんとなく、資金の出し入れのしやすさや慣れから判断しがちだが、物件の買い増しなど今後の可能性を考えると地元の地銀や信金も有力な選択肢。

個人的には、誰も住まなくなった実家という賃貸不動産の規模感、立地等から地元の地銀や信金に入金用口座を開いて実績を積み、将来の物件の買い増しなどにあたって融資の可能性を探ってみるのがお勧め。

ど財務体質がよいため資金需要が少なく、かといって先行きに不安のある企業や個人事業主に対してはなかなか貸しにくいとのことで、安定した賃料収入がある大家であればいろいろ優遇してくれそうな印象でした。

●タイミングを見てまとまった資金を移す

このように地元の金融機関に口座を開き、実家再生で入ってくる賃料をプールし続ける一方、**タイミングを見て数百万円から1000万円程度の自己資金をその口座に移します。**

これによって、毎月安定した入金があるほか、まとまった資金力もあるというふうに認識してもらうことができます。

その上で**「もう一つアパートを建てようと考えているんです」といった計画を伝えれば、「前向きに検討させてください」といった流れ**になります。

そうなればその金融機関において、融資の審査や担保評価、金利においても優遇してもらえる取引顧客としての枠に入ることができたといっていいでしょう。

4 狙いを絞って資産拡大サイクルへ

●地域が変化する流れとともに

誰も住まなくなった実家を再生し、住まいとして提供することで空き家問題の解決に貢献し、自分自身も安定的に家賃収入を得て、さらに本格的な不動産投資への道を切り開くこともできる。このように様々な可能性を秘めているのが実家再生であり、将来的にも大きな夢が広がります。

もう一度、流れを整理しておきましょう。

まずは**目の前にある空き家になった実家を再生するのが最優先**です。再生して賃料収入が入るようになれば、すぐ取り壊したり売却したりする必要がなくなり、ある程度時間的な余裕が生まれます。

その後、**実家のある地元エリアが5年、10年といった時間を経てどう変わっていくか、その流れに再生した実家を乗せてあげるのがいいのではないか**と私は考えています。

例えば、私の岡山市の実家は敷地が33坪とさほど広いわけではありません。ただ、近隣商業地域にあり、角地なので建ぺい率が緩和され、建て替えればRC（鉄筋コンクリート）の5階建てにできることがわかっています。地元の金融機関もRCの5階建てに建て替えるのであれば、土地を担保に融資してくれると言っています。

また、岡山市内ではいま、タワーマンションの建築やコンサートホール、病院などの新築が進んでおり、これから大きく変化する可能性が高まっています。

そういうこともあって現在は5年の定期借家で貸しているのです。ここで普通借家契約にすると、必要なときに退去してもらえなくなります。

いますぐRC5階建てに建て替えてもリスクがあり、空き家という問題を先送りするのではなく、そのまま貸すことで選択を将来に留保しているといってもいいでしょう。

●築古のアパートを建て替えて利回り12％

私自身の経験から言うと、**不動産投資において大切なポイントは狙いを絞ること**です。多くの人がやっているのと同じやり方ではなかなか成果が出ません。かつて世間を騒がせた「かぼちゃの馬車」問題も、不動産会社と金融機関が一緒になって不動産投資に疎いサラリーマンなどを誘導した面が強いですが、何も考えずに〝おいしい話〟に乗ってしまうのはとても危険です。

不動産投資に限らず投資全般にいえることだと思いますが、**多くの人が群がっている投資対象や投資手法は避けたほうが賢明**です。

そうではなく、自分なりに情報収集し、自分なりに考えて、他の人とは違う投資エリアや投資対象、投資方法を工夫することが大事です。

最近、私が不動産投資で手がけた案件をご紹介します。首都圏の人気路線の駅から徒歩12分のところに立つ築30年以上の1棟アパートを購入し、入居者に立ち退きをお願いした後、新しく20室のアパートに建て替えました。

土地は250坪ありましたが建物はすでに相当傷んでいて、何より売り出し時の物件情報によると「接道なし」となっていました。つまり、建物の敷地が道路に接していないので建築基準法上、建て替えできない物件だったのです。

しかし、そもそもアパートがすでに立っていますし、現地を見に行き登記簿なども調べたところ、接道条件はクリアできるのではないかと直感しました。

また、周辺の土地相場は坪120万円くらいするところ、「接道なし」のため売出価格は半値以下でした。当初、相談した金融機関は売出価格の7割くらいしか融資できないと渋っていましたが、その後、アパートを建てた当時の建築申請書類や隣地との協議書などを入手して接道を確認して提示したところ、売出価格の倍以上まで認めるということになりました。

こうして老朽化したアパートを購入し、3カ月くらいかけて入居者の立ち退き交渉を行い、新たにアパートを建てました。各種手数料以外はすべてローンでまかないました。

結果的に、投資額（すべてローン）に対して賃料収入の利回りは10％を超え、ドル箱物件として稼働しています。

●これからは東京ではなく、むしろ地方を狙う

ほかにも最近、東海地方で数年前に買った物件を2つ売却し、別の地方で新築アパートの経営を始めています。「いまさらなぜ地方で」と思われるかもしれませんが、ここにも私なりの狙いがあります。

不動産投資の世界では近年、東京が大ブームです。東京23区の新築マンションや中古マンションの平均価格が1億円を超えて話題になっていますが、その原動力になっているのがぺアローンを組むパワーカップルや富裕層の子弟、外国人を含めた投資需要などです。

逆に、地方では一部を除いて東京ほどの投資需要はほとんど見られません。むしろ、地方の資産家や富裕層は地元の物件を処分して東京などへ移そうとしています。

そうした大きな流れの中では、**逆に地方で不動産投資を行う妙味があると考え、今後もエリアを選んで不動産投資を続けていく予定**です。

また**地方が活性化しない理由として、若い人から見て「住みたい家がない」ということが致命的な原因**です。衣食住のうち、衣はネットで簡単に買えますし、食もそれなりに様々な食材が手に入ります。しかし、住に関して日本の地方は、諸外国と比べて圧倒的にレベルが低く、若い人のテンションを下げてしまっています。テレワーク、リモートワークが普及してきたいま、民間レベルで実家を再生し、地方に投資を呼び込み、「イケている」住宅を増やしていくのが私の夢であり、自ら実践していくつもりです。

東京をはじめ大都市圏の不動産投資市場は、ファンドやリートなど桁違いの資金力を持ったプロがしのぎを削る世界です。いくら資金力があるといっても個人投資家では歯が立ちません。それよりは競争の少ない地方にこそ、金融機関の姿勢を含めてブルーオーシャンがあると思います。

●「不動産投資ABCの法則」

このように実家の再生を踏み台に不動産投資を進め、資産拡大のサイクルを回していくやり方を私は「不動産投資ＡＢＣの法則」と名付けています。

不動産Ａは、自分が住みたい（使いたい）と思うマイホームのことです。マイホームの購入には住宅ローンがつきもので、一般的には給料などから返済していきます。

これに対し不動産Ｂは、誰も住まなくなった実家のことです。ローンはすでに返し終わっているはずで、そのまま貸し出し、毎月入ってくる家賃収入を不動産Ａのローン返済に充当します。

さらに不動産Ｃは、不動産Ｂ（実家）を共同担保に使って購

図表26　不動産投資ABCの法則

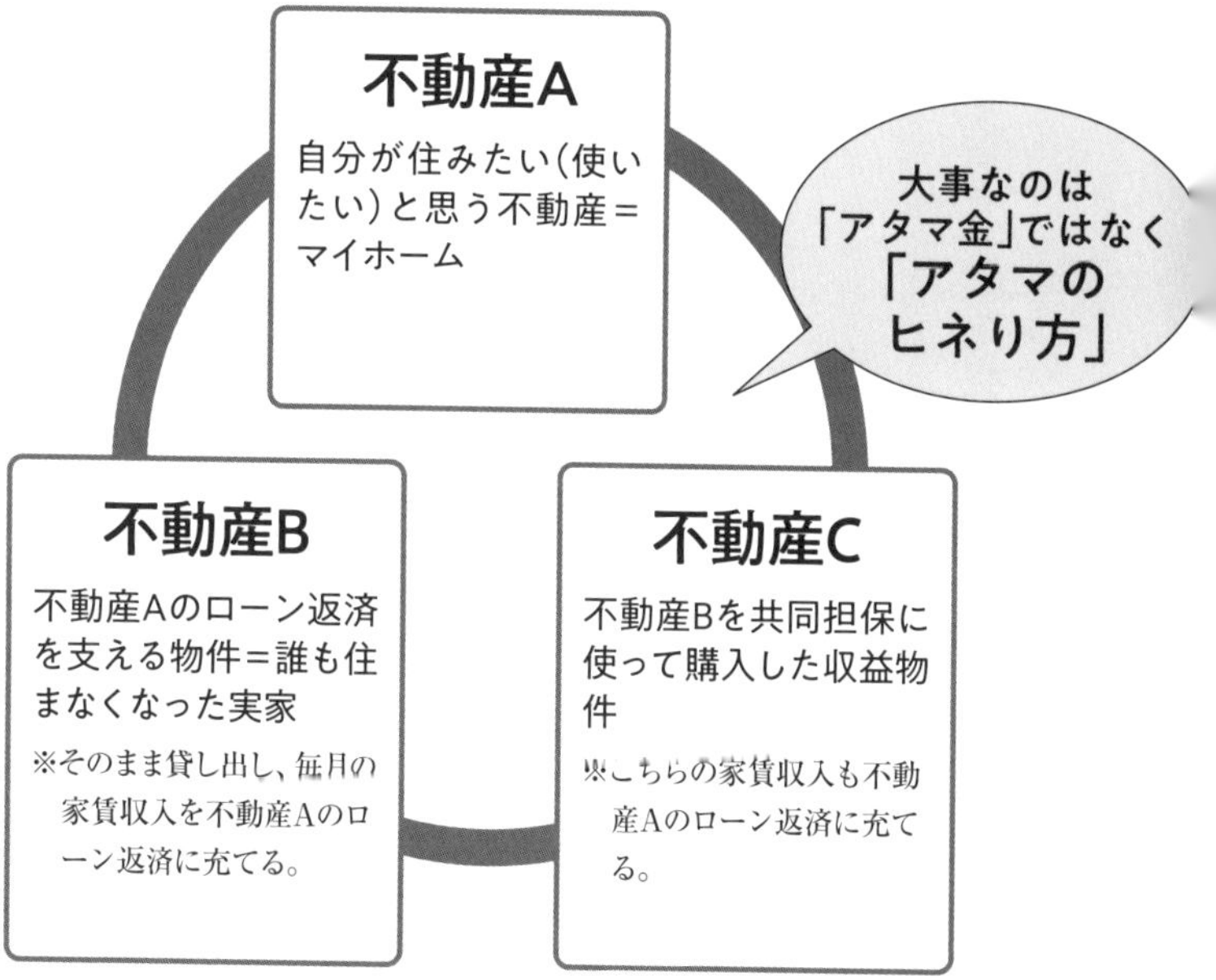

入したアパートなどの収益物件です。こちらの家賃収入も不動産Aのローン返済に充てます。

このABCトライアングルを確立させれば、実質的に給料からのローン負担なしにお気に入りのマイホームに住めるばかりか、余ったお金をいろいろなことに活用できます。住宅ローンの返済や家賃の負担（賃貸住宅に住む場合）のない人生がどんなに快適か、身に染みてわかるでしょう。

このトライアングルのセットを一つ、二つ、三つと増やしていくと、不動産のポートフォリオが確立され経済的自由がおのずと実現できます。

ポイントは、どんなに小さくてもいいので無借金無担保の不動産を組み入れることです。それがまさに誰も住まなくなった実家なのです。

実家再生の事例紹介3

人気観光地などエリアによっては、まとまった費用をかけリフォームしたほうが収益性アップも

最後にご紹介するのは私の親しい友人であり、農業、宿泊業、セミナー業など複数の事業を営む経営者の大濱幸太郎（通称ハマコタ）さんです。

大濱さんは沖縄県の石垣島出身で、地元にはいまもご両親が暮らしていらっしゃいます。その実家の隣に、お父さんが所有している別の建物（RCの一戸建て）があります。大濱さんはこの建物を1000万円かけてリフォームし、現在は1泊から借りられる貸別荘『Palm Tree House Ishigaki』として運営しています。予約サイトでの評価も平均9・9（10点満点）と高く、石垣島では同じようなタイプの宿泊施設の中でもトップ10に入る人気です。

ちなみに料金は時期によって違いますが、大人6人が泊まれる広さで繁忙期は1泊5万～6万円。シーズン以外はもう少し安く、特に年末セールでは2人で2万円前後とのことです。

「もともとは親戚一家が住んでいましたが、引っ越して空き家になる予定でした。さて、どうしようかと考えたのがきっかけです。

ただ、当初は人に貸すという発想はありませんでした。あくまで自分たちが住むことしか考えておらず、だからこそ『さてどうしようか』でした」（大濱さん）

実は大濱さん、石垣島の別のところで建物を借り、貸別荘を経営していました。ところがその建物が借りられなくなり、そちらでも「さてどうしようか」となっていました。偶然「さてどうしようか」が二つ重なり、「それなら」となったのがいまの貸別荘というわけです。

ただ、空き家になる予定だったお父さん所有の建物は築40年ほどで間取りも普通。窓が少なくて開放感や眺望にも問題がありました。そこで大濱さんはリフォームすることを決断しました。

「沖縄は台風があるのでほとんどの建物は鉄筋コンクリート（ＲＣ）造で、部屋の中が暗くなりがちです。そこで構造強度を確認しつつ、コンクリートの壁の一部をぶち抜いて２カ所の窓を思い切って大きくしました。リフォームの中でも一番コストがかかりましたが、結果的に明るさや開放感が格段に増して正解でした。

約85㎡ある平屋の間取りも以前は普通の4LDKでしたが、グループで広々と泊まれるように間仕切り壁をほとんど取り払い、トイレと浴室を除くと75㎡ほどのワンルーム形式にしました。これが家族や友人同士でワイワイ楽しみたい層にマッチし、ホテルとの差別化にもなって好評なんです」（大濱さん）

リフォームに当たって私にローンの調達方法などの相談があり、金融機関とどのように交渉したらいいのか、資料の作り方や説明のポイントなどをアドバイスさせてもらいました。その結果、リフォーム費用のほとんどはローンでカバーすることができました。

実は大濱さんは当時、余命半年の血液がんという重い病気を患っていらっしゃいましたが、ご両親の老後のため安定した収入源を確保してあげたいとの思いから取り組んでいらっしゃいました。そんな姿を見ていたので、私としても全力でサポートさせてもらったのです。

「いまから振り返ると、宿泊業をやっていながら最初は空き家の存在に気づいていませんでした。空き家はまさに目の前にある金の卵を産むニワトリでした。なんですぐ気づかなかったのか。自分たちが住むという感覚になってしまっていたからでしょう。

リフォームの資金調達については、プロである吉原さんのアドバイスが役に立ちました。自分たちだけでやろうとしてもわからないことが多く、そのうち嫌になってやめていたかもしれません。いろいろな意味でプロの意見やアドバイスが大事だと思います」（大濱さん）

私がお勧めしている、誰も住まなくなった実家の再生は、内部をきれいに片付けるだけで〝そのまま〟貸すことを基本にしています。

ただ、大濱さんのように場合によってはある程度費用をかけて一棟貸しの別荘やゲストハウスにするというやり方もあるのです。参考にしてみてください。

第８章のまとめ

1. 誰も住まなくなった実家を片付けて貸し出すことは、本格的な不動産投資への入り口になる。
2. 他の投資と比べた不動産投資の大きな特徴は、ローンを利用することで自己資金の数倍以上の物件に投資できるレバレッジにある。
3. 実家の再生で毎月賃料を得ていることは、不動産投資においては〝下駄を履いた〟状態からスタートできるということ。
4. ローンなどのない実家（特に土地）は、不動産投資でアパートなどを購入する場合に共同担保として利用できる。

5. 実家の再生で入ってくる賃料は、地元の金融機関の口座にプールしておくのがお勧め。金融機関での信用を積み重ね、将来の物件購入において融資を受けやすくする。

6. 実家の再生をきっかけに、「不動産投資ＡＢＣの法則」で住宅費の負担のない自由な人生を実現しよう。

7.土地、建物の権利はいま誰が持っていますか?

土地:

建物:

8.将来、相続が発生した場合、誰が相続人になる見込みですか?

9.実家を相続し、住む予定の人はいますか?

・いる(　　　　　　　　　)
・いない
・その他

10.実家に誰も住まなくなったらどうしますか?

・そのままにしておく
・建物を取り壊して更地にしておく
・土地、建物を売却する
・自分や親族が住んだり別荘などとして利用する
・他人に貸す
・特に考えていない
・その他(　　　　　　　　　　　　　)

11.実家について気になることは何ですか?

実家についての問診票

（私がアドバイスをするときに事前に書いていただいている問診票になります）

1．実家はどこにありますか？

2．いまはどのような状況ですか？

- 親が住んでいる
- 親はいるが施設等に移っていて誰も住んでいない
- 両親とも亡くなり誰も住んでいない
- その他（　　　　　　　　　　　　　　）

3．最寄駅からの距離はどれくらいですか？

4．建物の構造と規模（階数）はわかりますか？

構造（木造、軽量鉄骨、RC、その他）

階数（平屋、2階建て、3階建て、その他）

5．建物の築年数はどれくらいですか？

築　　年（昭和・平成・令和　　　年築）

6．建物の広さと間取りはどうですか？

広さ　：　　　㎡

間取り：1階　　　　　　　　　2階

「誰も住まなくなった実家」をそのまま貸すための6つのステップとポイント

ステップ1

家財や遺品を「残す」と「捨てる」に分ける

- □家財や遺品を確認するためにまとまった時間(2〜3日)を取る。
- □写真や思い出の品など一つひとつ手に取ってみる。
- □その後、何を残し、何を捨てるのかを決める。

ステップ2

業者に整理してもらう

- □ネットなどで地元の遺品整理業者を探す(産廃業者は割高なことが多い)。
- □複数の業者から見積もりを取り、信頼できるところを選ぶ。
- □口コミ情報を参考にする。
- □保有する資格や免許も参考にする(古物商許可、建築業資格など)。

ステップ3

業者にハウスクリーニングしてもらう

- □マイホーム向けではなく賃貸住宅向けのハウスクリーニング業者を地元で探す。
- □賃貸仲介会社(ステップ4)に付き合いのある業者を紹介してもらうのもよい。
- □基本はセット価格で依頼するが、担当者に現地を見てもらい「借り手目線ではここをきれいにしたほうがよい」というお勧めの追加箇所があれば検討する。

ステップ
4

「いくらで貸せるか」仲介会社に聞いてみる

□地元の賃貸専門の仲介会社に電話して戸建て賃貸の相場を聞いてみる(最低5社)。
□現地を見てもらい、想定賃料を出してもらう。
□対応のスピードや受け答えの丁寧さなどで信頼度を測る。

ステップ
5

賃料を決めたら入居者募集を開始

□複数の仲介会社の想定賃料を踏まえて募集賃料を決める。
あまり欲張り過ぎないほうがよい。
□年齢、ペット、リフォームなど募集条件は緩やかにするほうがよい。
□入居者募集はネット広告を通して行うほか、現地に看板も出してもらう。

ステップ
6

入居者が見つかり、毎月賃料が入ってくる!

□入居者募集を任せた仲介会社に管理も任せれば、大家として特にすることはない。
□毎月、口座に賃料が振り込まれていることを確認する。
□振込口座は将来の物件の買い増しなどを考えると、地元の地銀や信金で開くのがお勧め。
□賃料収入は不動産所得等となる。毎年、自分で確定申告を行うことで
不動産投資の仕組みがわかってくる。

おわりに

増え続けている空き家は「負債」ではなく「資産」です

本書では、あなたの実家を「金の卵を産むニワトリ」に変えるための正しい情報と実践的なテクニックをギュッとまとめて公開しました。


「ボロボロで価値があるなんて思えなかった実家がお金を生み出すことに驚いた！」

「重荷に感じていた実家に対する印象が180度変わった！」

「心配の種でしかなかった田舎の実家が未来の希望に思えてきた！」

「すっきり先を見通せるようになり、気持ちが随分楽になった」

「実家が資産であることがわかり、両親への感謝の気持ちがより強くなってうれしい！」


これらは私が相談にのったりアドバイスをしたりした方々の言葉です。

皆さん実家についてとても悩んだり不安に感じていらっしゃいますが、発想の転換さえできれば「目から鱗」となるようです。

重要なのは、誰も住まなくなった実家についての正しい情報と実践的なテクニックの理解です。

ところが、不動産について学校ではまったく教えてくれません。マンションを買ったり、戸建てを建てたり、それを売ったりするのも一生の間にせいぜい一度か二度くらいでしょう。だから誰も住まなくなった実家は「いずれなんとかしなければならない面倒なこと」になってしまっているのです。

正しい情報と実践的なテクニックが理解できれば、誰も住まなくなった実家が「家賃収入という金の卵を産むニワトリ」であることに気づきます。

誰も住まなくなった実家を社会的に再生することとは、安くて広い家を求めている人に住空間を提供し、町に賑わいを呼び戻し、地域が活性化することにもつながります。この流れはさらに、地方創成の実現や日本経済の再興につながっていくものだと思います。

そう考えれば、いま増え続けている空き家は個人にとっても地域社会や国にとっても、「負債」ではなく「資産」なのです。

より多くの方々がそのことに少しでも早く気づいてくださることを願い、本書を執筆しました。本書が実家について悩んだり不安に思っている多くの方々の役に立ち、一歩を踏み出すきっかけとなることを祈っております。

［著者］
吉原泰典（よしはら・やすのり）
不動産投資家・空き家再生コンサルタント
1988年同志社大学卒、日本電信電話株式会社（当時）入社。その後、NTT西日本において営業部長としてフレッツ光回線の普及に尽力したほか、労組本部役員としてIT情報通信政策に深く関わった。29年間勤務した後、51歳で同社を退職し独立起業。NTT時代に培った多岐にわたる知見を活かし、ビジネスオーナーとして活動中。
不動産投資家としては、リーマンショック前に海外不動産投資からスタート。その後、国内不動産に活動のベースを移し、現在は首都圏を中心に数多くの新築、中古の一棟マンション等を保有。不動産投資のセミナー講師としても人気を博す。
自らの体験から「空いた実家」をそのまま貸すことが、増え続ける空き家問題の有力な解決策になると確信。これまで培った豊富な不動産投資の経験・ノウハウをベースに、「空いた実家」を再生活用するための正しい情報と実践的なテクニックを本書で体系化した。

「空いた実家」は、そのまま貸しなさい
――年間100万円の家賃が入ってくる最強の「実家再生」投資

2024年３月５日　第１刷発行

著　者――吉原泰典
発行所――ダイヤモンド社
〒150-8409　東京都渋谷区神宮前6-12-17
https://www.diamond.co.jp/
電話／03･5778･7233（編集）　03･5778･7240（販売）
構成――――古井一匡
編集協力――ベースキャンプ
装丁・本文デザイン――中井辰也
イラストレーター――春仲萌絵
校正――――聚珍社
製作進行――ダイヤモンド・グラフィック社
印刷――――ベクトル印刷
製本――――ブックアート
編集担当――土江英明

ISBN 978-4-478-11842-9